하나님의 기도학교

예수님과 함께 떠나는 기도 여행
하나님의 기도학교

지은이 | 김병호, 권수원
초판 | 2013. 5. 20
4쇄 발행 | 2022. 2. 16.

등록번호 | 제3-203호
등록된 곳 | 서울특별시 용산구 서빙고동 95번지
발행처 | 사단법인 두란노서원
영업부 | 2078-3333 FAX 080-749-3705
출판부 | 2078-3477

▎책 값은 뒤표지에 있습니다.
ISBN 978-89-531-1924-6 03230

▎독자의 의견을 기다립니다.
tpress@duranno.com   http://www.Duranno.com

▎이 책의 성경 본문은 개역개정판을 사용했습니다.

두란노서원은 바울 사도가 3차 전도여행 때 에베소에서 성령 받은 제자들을 따로 세워 하나님의 말씀으로 양육하던 장소입니다. 사도행전 19장 8-20절의 정신에 따라 첫째 목회자를 돕는 사역과 평신도를 훈련시키는 사역, 둘째 세계선교(TIM)와 문서선교(단행본·잡지) 사역, 셋째 예수문화 및 경배와 찬양 사역, 그리고 가정·상담 사역 등을 감당하고 있습니다. 1980년 12월 22일에 창립된 두란노서원은 주님 오실 때까지 이 사역들을 계속할 것입니다.

예수님과 함께 떠나는 기도 여행

하나님의 기도학교

김병호, 권수원 지음

차 례

프롤로그 • 6

chapter 1
기도하는 참 의미
예수님과 마주 앉기 • 12

1. 기도는 영혼의 '숨'입니다
2. 기도는 인격적인 대화입니다
3. 기도는 예수님이 가르쳐 주십니다
4. 기도는 하나님과의 의식적인 관계입니다
5. 기도는 배워야 합니다

chapter 2
기도하는 이유
예수님과 친해지기 • 48

1. 하나님이 우리의 아버지이시기 때문입니다
2. 하나님과 교제할 수 있기 때문입니다
3. 죄를 용서 받을 수 있기 때문입니다
4. 내 안의 가장 큰 갈망을 알 수 있기 때문입니다
5. 사랑하며 살 수 있는 방법이기 때문입니다
6. 낙심하거나 포기하지 않을 수 있는 방법이기 때문입니다
7. 세상의 유혹과 시험을 이길 수 있기 때문입니다
8. 꼭 있어야 할 것을 얻을 수 있기 때문입니다
9. 성령의 역사가 일어나기 때문입니다

chapter 3
기도하는 시간
예수님과 이야기하기 •86

1. 좋은 습관들을 따라 기도합니다
2. 일상 생활에서 기도합니다
3. 은밀한 시간에 기도합니다
4. 중요한 때에 기도합니다

chapter 4
기도하는 내용
예수님께 맡기기 •114

1. 마음을 하나님께로 향합니다
2. 자신을 돌아봅니다
3. 개인의 필요를 구합니다
4. 성령님의 인도하심을 찾습니다
5. 이웃을 위해 중보합니다
6. 교회를 위해 부르짖습니다
7. 하나님 나라를 선포합니다

chapter 5
기도하는 방법
예수님 안에 거하기 •156

1. 강청기도 – 담대히 구합니다
2. 영으로 드리는 기도 – 말할 수 없는 탄식으로 기도합니다
3. 듣는 기도 – 마음으로 말씀을 경청합니다
4. 몸으로 드리는 기도 – 전 인격적인 반응으로 표현합니다
5. 인내의 기도 – 기도의 열매를 기다립니다
6. 사랑에 이르는 기도 – 예수님과 사랑을 나눕니다

에필로그 •190
부록 •192

프롤로그

예수님과 함께 떠나는 기도 여행

제가 예수님과 함께 친밀한 '기도' 여행을 시작하기 전에 '기도'는 제 머릿속에서 두 가지 그림으로 혼동을 주었습니다. "사랑"과 "부담". 제게 있어 기도의 첫 그림은 어머니와 할머니이십니다. 다락방에서 혼자 무릎 꿇고 간절하게 기도하던 어머니의 모습, 어린 저를 남겨두고 먼저 천국에 가야 하는 모정 때문에 잠자는 제 얼굴에 기도의 눈물을 떨어뜨리셨던 어머니의 영상은 결코 잊을 수 없는 마음의 기억입니다. 또 한 분은 가족 모두에게 신실한 신앙의 유산을 물려주신 할머니이십니다. 어려운 시대 속에서 교회와 목회자와 성도들을 위해 금식하며 온전히 기도에 헌신하셨던 분입니다. 엄마 잃어 아파하는 어린 손자의 마음과 연약한 육신을 붙잡고 생존해 계신 동안 끊임없이 기도해주신 기도의 할머니셨습니다. 이 두 분의 기도에 대한 헌신에 아직도 저 자신이 이르지 못함을 고백하며 이분들이 누리셨던 하나님과의 친밀함을 저는 '사랑'이라고 표현합니다.

간절한 기도 속에서 부르심을 확인받고 신학을 공부하고 목사가 된 저는 기도가 목회자나 성도들 모두에게 '부담'이라는 것을 알아갔습니다. 목회자로서 교회에 예배와 모임들, 새벽과 철야기도 등 기도 시간은 많고 기도에 대한 지식도 쌓아져갔지만, 진정 제 안에서 기도에 대한 즐거움이나 예수님과의 친밀한 관계는 성장하지 못하고 있는 것을 발견했습니다. 또한 교회에서 성장한 대부분의 성도들은 기도 모임이 지루하다는 선입관을 갖고 있었고, 기도가 예배와 모임 중에 그저 형식적인 순서이며 의례적인 요식행위처럼 생각하는 것을 보았습니다. 성경 공부나 제자 훈련 혹은 봉사나 행사 등에는 사람들이 모이는데 기도 모임에는 사람들이 잘 모이질 않았습니다. 어떻게 기도해야 하는지 모르겠다고 말하는 성도들이 많았고, 아예 기도하지 않는 성도들도 많았습니다.

선교지와 이민교회 사역 이후 저희 부부는 안식년을 보내며 하나님과의 친밀한 교제, 그 크신 사랑에 눈을 뜨게 되었습니다. 그 사랑 가운데 큐티와 기도, 기도일기, 의식성찰 기도, 묵상기도, 듣는 기도, 방언기도, 예언기도, 영적 전쟁 등을 통하여 제 안에 있었던 영적 편견과 지식들이 새롭게 조정되는 영적 싸움을 치러야 했습니다. 아직도 치러야 할 싸움이 남아 있지만 이 시간들은 제 삶에서 기도의 중요성이 한층 더 소중해진 계기가 되었습니다.

다시 이전에 섬기던 온누리 교회로 돌아왔을 때 제게 주어진 사역은 중보기도였습니다. 이 사역을 맡으면서 성경적인 기도 훈련에 초점을 맞추고 싶었고 기도에 대한 소그룹 성경공부를 시작했습니다. 성도들과 성경적인 기도에 대해 나누며, 내가 필요할 때만 찾는 주님이 아니라, 늘 나와 함께하길 원하시는 주님과 어떻게 동행할 수 있는지를 함께 나누길 원했습니다. 당시에 중보기도에 대한 교재를 만들어 사용했는데 하나님은 소그룹에 참여한 사람들과 인도자들의 삶에 변화를 주셨고 수많은 은혜들을 나누게 하셨습니다.

이 일이 격려가 되어 중보기도에 앞선 보다 더 근본적인 기도에 관한 훈련이 필요하다고 생각하게 되었고 이를 위해 《하나님의 기도학교》를 만들게 되었습니다. 기도를 사역과 일을 위한 것으로, 성취와 목적을 위한 수단 정도로 생각하고 달려가는 잘못된 신앙생활에서 벗어나, 하나님과의 친밀함을 회복하고 예수님과의 동행을 의식적으로 선택해 가는 길을 함께 배워가길 소망하는 마음입니다. 새롭게 부임한 아가페 교회에서 성도들과 이 교재를 함께 사용할 때 하나님은 친밀한 기도에 대한 열망들을 우리 안에 더욱 불러 일으키셨고 그 가운데 저희는 성도들의 격려에 힘입어 책으로 출간할 용기를 갖게 되었습니다.

이 책은 단순히 읽기만을 위한 교재가 아닙니다. 소그룹 또는 교회에서 교재를 따라 읽고 기도하며 기도를 배울 수 있도록 구성했습니다. 기도에 대한 기본적인 정의와 기도에 대한 가장 기초적인 개념들을 성경의 말씀 속에서 찾도록 하며, 그 뜻을 하나님과의 관계 속에서 생각해 보고, 말씀에 깊이 뿌리 내리는 기도 생활에 도움을 주고자 했습니다. 개인적으로 혹은 소그룹으로 공부하는 분들이 이 책을 읽어 가며 각 과정마다 제시한 실천 과제들을 삶 속에 적용해 가면 성령님의 인도하심 가운데 기도하고 있는 자신을 발견하게 될 것입니다.

이 교재는 우리보다 앞선 수많은 믿음의 선배들과 그들이 남긴 책들에 빚을 지고 있습니다. 그들의 깊은 묵상과 통찰력들은 우리에게 많은 교훈을 주었습니다. 이 책이 나오면서 먼저 저희 부부에게 인내의 기도를 가르쳐주시고, 결혼 17년 만에 '예담'이라는 특별한 선물을 주신 아빠 아버지 하나님께 감사드립니다. 그리고 저희 부부 인생의 큰 스승이셨고 말씀과 성령 사역에 눈을 뜨게 해주시고 늘 격려해주신 故 하용조 목사님께 감사드립니다. 늘 기도의 동역자로 함께 즐거워하고 함께 울었던 온누리교회 중보기도 동역자들과 이 책을 함께 공부하면서 교재로 나올 수 있도록 격려해 주시고 뜨거운 사랑과 관심으로 기도해 주신 아가페교회 성도들에게 감사드립니다. 특히 재판을 발행하면서 책의 처음부터 끝까지 읽고 조언해주신 장로회신학내학 영성학 오방식 교수님께 감사드립니다.

"사랑하고 축복합니다."

공릉동 아가페 동산에서
김병호 · 권수원

하루 60분 기도 프로젝트

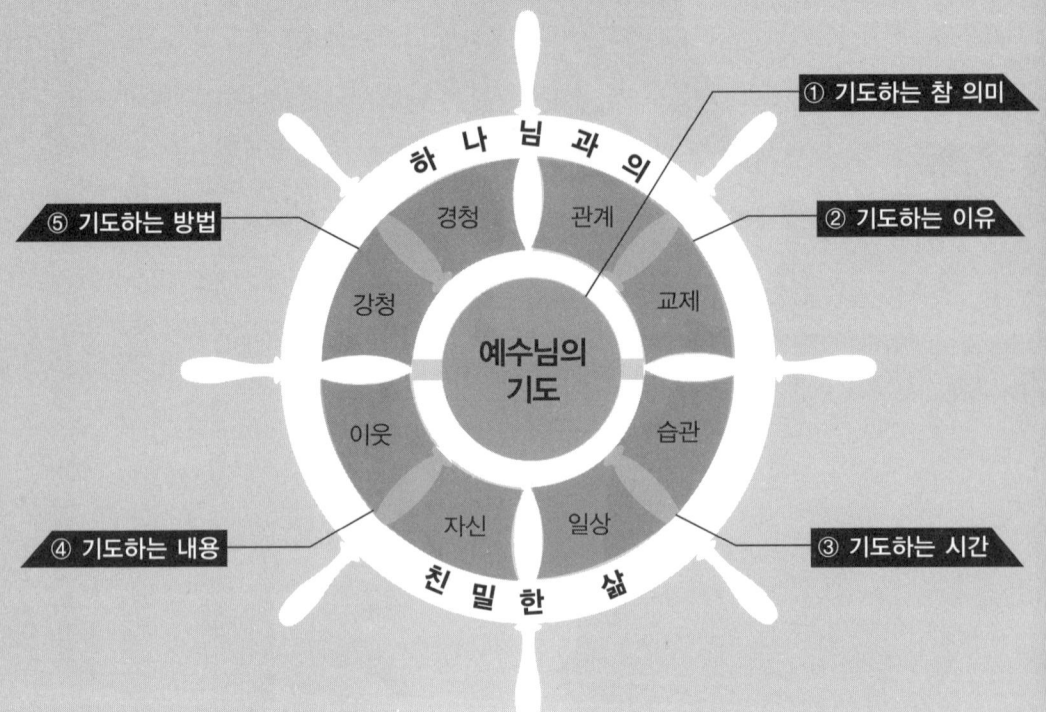

1강 **기도하는 참의미**: 예수님의 기도(창 1:27)
2강 **기도하는 이유**: 관계, 교제(요 15:7)
3강 **기도하는 시간**: 습관, 일상(골 4:2)
4강 **기도하는 내용**: 자신, 이웃(요 14:26)
5강 **기도하는 방법**: 강청, 경청(롬 8:26-27)

《하나님의 기도학교》를 위한 일곱 가지 약속

『하나님의 기도학교』를 시작하면서 나 (   )는 아래와 같이 약속합니다.

1. 나는 모든 진행 과정에 자원하는 마음과 성실함으로 참여하겠습니다.

2. 나는 모임 중에 알게 된 사람의 개인적인 이야기를 다른 사람에게 옮기지 않겠습니다.

3. 나는 하.기.도 교재의 예습과 실천과제에 최선을 다하며, 모임의 나눔 시간에 열린 마음으로 적극 참여하겠습니다.

4. 나는 다른 사람의 이야기를 끊지 않고 잘 경청하며, 자기중심적으로 다른 사람을 판단하거나 혹은 비교하지 않겠습니다.

5. 나는 모임 시간을 꼭 지키고 지각 결석은 가능한 한 하지 않으며 부득이한 경우는 미리 인도자에게 알리겠습니다.

6. 나는 하.기.도 훈련 기간 동안 가족과 조원과 교회를 위해 정기적으로 기도하겠습니다.

7. 나는 하.기.도의 목표가 우리만의 교제가 아니라 하나님과의 교제임을 기억하고, 하나님의 음성을 들으며 예수님의 마음을 품고 성령님의 인도하심을 따라 늘 기도하는 것을 잊지 않겠습니다.

20   년   월   일

직분 _____ 이름 _____ 사인

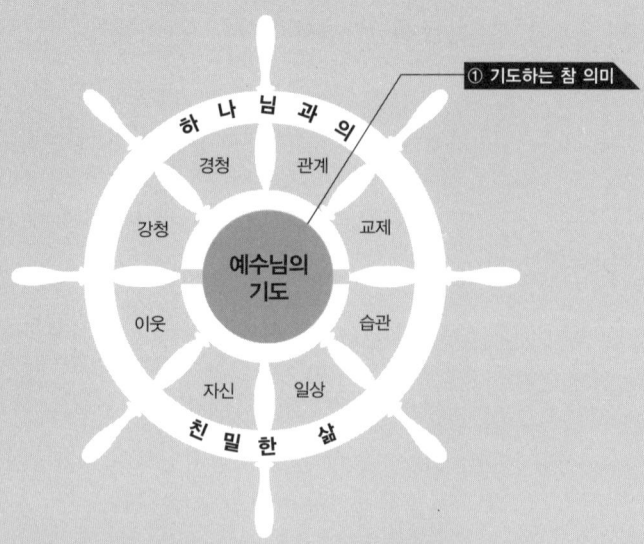

이 과의 목표

1. 기도의 참 의미와 기도하는 다양한 스타일을 이해합니다.
2. 하나님과의 의식적인 관계를 발달시키기 위한 구체적인 방법을 배우고 실제로 적용하도록 힘씁니다.

실천 과제

1. 1강을 공부하십시오.
2. 창세기 1장 27절을 암송하십시오.
3. 교재에서 제시하는 의식 성찰 기도훈련 '성령님과 함께 하루 돌아보기'를 실습해 보십시오.
4. 하루 20분씩 기도하십시오.

chapter 1

기도하는 참 의미
예수님과 마주 앉기

- **창세기 1:27**

하나님이 자기 형상 곧 하나님의 형상대로 사람을 창조하시되 남자와 여자를 창조하시고

walking with Jesus

■ 우리가 사는 이 세대는 기도하기가 힘든 시대입니다. 온종일 다양하고 현란한 기계음들과 더불어 살아가는 세대이고, 또한 그들이 쏟아내는 정보의 홍수 속에서 빠른 선택을 해야만 하는 시대입니다. 바쁜 시대를 살아가는 그리스도인들에게 기도란 마음으로 부담은 느끼지만 실제 삶 속에서 행하기는 어려운 짐으로 여겨집니다. 이런 시대를 사는 당신이 기도에 대한 배움의 시간을 갖는 것은 하나님의 특별한 인도하심입니다.

1 기도는 영혼의 '숨'입니다

'기도' 하면 제일 먼저 떠오르는 생각이 무엇입니까?

교회? 무릎 꿇는 것? 명상(묵상)하는 것? 대표기도? 주기도문? 지루함? 불행히도 우리는 기도라는 단어에 대해 많은 고정관념과 편견을 가지고 있습니다. 특히 교회에서 성장한 많은 그리스도인들도 기도 모임은 특별히 급한 사람들에게 필요한 응급처치와 같다고 생각하는 사람이 참 많습니다. 그래서 예배, 성경 공부나 제자 훈련 혹은 행사나 교육 프로그램 등에는 사람들이 자발적으로 모이는데 기도 모임에는 사람들이 잘 모이질 않습니다. 모인 사람들조차도 의무감이나 책임때문이거나, 아니면 아주 긴급한 필요가 있는 사람들일 때가 많습니다.

그러나 기도는 나의 필요를 채우기 위해서 혹은 어려움을 잠시 피하기 위해서 어쩔 수 없이 모이는 임시 도피처가 아닙니다. 기도는 우리의 호흡이 멈추면 안되는 것처럼 항상 해야 하는 영혼의 호흡입니다. 즉 우리가 숨쉬지 않고서는 살 수 없는 것처럼 기도가 없이는 우리의 삶도 가능하지 않습니다. 기도는 영혼의 '숨'이요 사람의 마음으로부터 나오는 자연스러운 언어입니다. 마치 사람의 호흡이 대기가 허파를 압박해서 저절로 숨을 쉬게 만드는 것처럼 기도는 하나님의 영이 사람 안에서 자연스럽게 숨쉬도록 하는 것, 즉 영혼의 '숨'인 것입니다.

■ 이 영혼의 '숨'을 무엇이라고 생각하십니까? 당신의 말로 적어 보십시오.

_____

_____

기도는 영혼의 호흡이요 자연스러운 언어입니다. 사람이 숨을 쉬지 않고 존재할 수 없듯이 인간은 기도의 '숨'을 쉬지 않고서는 살 수 없습니다. "여호와 하나님이 땅의 흙으로 사람을 지으시고 생기를 그 코에 불어넣으시니 사람이 생령이 되니라"(창 2:7). 모든 인간은 하나님의 생기, 즉 '숨'이 없이는 살 수가 없습니다. 이 '숨'을 통해 하나님을 느끼고 하나님과 이야기할 수 있도록 지음받았습니다. 하나님을 만나 이야기하고 대화할 수 있는 영혼의 '숨'을 기도라고 합니다.

에베소서 6:18

모든 기도와 간구를 하되 항상 성령 안에서 기도하고 이를 위하여 깨어 구하기를 항상 힘쓰며 여러 성도를 위하여 구하라 바울은 믿는 사람들에게 "항상 기도하라"고 말합니다. 그러나 우리는 솔직히 항상 기도하지 못하고, 기도하더라도 마음에서 자발적으로 우러나기보다 의무로 느껴질 때가 더 많습니다. 이보다 더 심각한 것은 기도를 교회 프로그램이나 행사처럼 생각한다는 것입니다. 마치 호흡하는 것을 어쩔 수 없이 살기 위해 하는 것처럼 한다면 얼마나 괴롭고 힘들겠습니까? 불행히도 우리가 기도할 때 그렇게 하고 있습니다. 바울의 "항상 기도하라", "기도를 계속하라"(골 4:2), "쉬지 말고 기도하라"(살전 5:17)는 말씀은 주님과의 관계가 항상 살아 숨쉬는 관계, 호흡처럼 숨처럼 자연스러워야 한다는 권면입니다. 중간에 끊어짐이 있어서는 안 된다는 뜻입니다. 이것은 기도가 어쩔 수 없이 해야만 하는 의무나, 나의 필요에 따라서 이루어지는 삶의 일부가 아닌 삶이 곧 기도처럼 되기를 바란다는 소망입니다.

■ **기도가 삶 속에서 호흡처럼 자연스럽게 이루어지려면 어떻게 해야 할까요?**

기도가 호흡처럼 삶 속에서 자연스럽게 이루어지려면 믿음으로 나아가야 합니다. 성경은 믿음이 없이는 하나님을 기쁘시게 할 수 없다고 합니다.

히브리서 11:6

믿음이 없이는 하나님을 기쁘시게 하지 못하나니 하나님께 나아가는 자는 반드시 그가 계

신 것과 또한 그가 자기를 찾는 자들에게 상 주시는 이심을 믿어야 할지니라

기도는 믿음에서 시작합니다. 하나님을 믿어야 마음의 문이 열리고 영적인 호흡 기도가 자연스럽게 들어가고 나오게 됩니다. 호흡이 우리 안에서 일어나지만 호흡의 주관자가 우리가 아니듯이, 기도도 우리가 하는 것 같지만 기도의 주관자가 우리가 아닙니다. 우리 그리스도인의 기도는 하나님이 우리와 함께하심을 의식하는 열린 마음 속에서 하나님이 일하시는 것을 그분과 함께 느끼는 것입니다. 우리가 열린 마음과 믿음으로 하나님을 바라보며 그분 앞에 나아가는 것이 영혼의 '숨' 기도입니다.

2 기도는 인격적인 대화입니다

　기도를 뜻하는 영어 단어 'pray'는 어떤 사람이 다른 사람에게 부탁한다는 의미를 담고 있습니다. 사람들이 '기도'라는 말을 사용할 때는 주로 신에게 부탁하는 것을 의미합니다. 맞습니다. 하나님께 무엇인가를 구하는 것이 기도입니다. 이런 기도는 인류가 오래 전부터 해 오던 기도입니다. 우리 옛 조상들도 집과 동네의 평안을 구하는 지신상이나 천신상을 동네 어귀에 세워 놓고 기도했습니다. 또 아기가 새로 태어나거나, 누군가 병이 들거나 혹은 가문의 출세를 위해 음식이나 술 등을 조상신들에게나 귀신들에게 바치면서 도와달라고 빌었습니다. 이 모든 것을 기도라고 할 수 있습니다. 즉 누군가에게 도움을 요청하는 것이 기도입니다. 어떤 사람들은 그것이 기도의 전부라고 생각합니다. 그러나 기도란 단지 무엇인가를 요청하는 것이 아닙니다. 기도는 그것보다 훨씬 더 이상의 것입니다.

기도는 대화입니다

　대화란 서로 마주보고 하는 인격적인 소통입니다. 언제 대화가 잘 될까요? 상대방을 잘 알거나 상대방을 믿고 신뢰할 때 편안하게 대화를 나눌 수가 있습니다. 그러면 언제 대화가 어려울까요? 잘 모르는 사람과 이야기할 때입니다. 잘 모르는 사람과 대화할 때나 잘 모르는 것에 대해 대화할 때는 의례적이거나 형식적인 대화로 짧게 끝날 수밖에 없습니다.

이처럼 우리가 하나님과 대화한다는 말은 하나님이라는 인격적인 분과 서로 말을 주고 받는 것을 의미합니다. 많은 사람들이 기도가 어렵다고 말하는 까닭은 무엇일까요? 하나님을 모르면 기도하는 것이 어렵고 기도하는 시간이 견디기 어려운 지루한 시간이 되기 때문입니다. 하나님을 모르고 하는 기도는 자기 이야기만 쏟아놓는 일방적인 독백에 그칠 수 있습니다.

■ 나의 기도 생활은 어떻습니까?
_____
_____

우리는 내가 원하는 것을 주문처럼 외우거나 아니면 내가 원하는 기도 제목들을 일방적으로 제시할 때가 많습니다. 그것은 기도가 아니라 주문이나 으름장에 가깝습니다. 기도는 우리가 하나님께 말하는 것뿐 아니라 하나님께서 우리에게 말씀하시는 것을 듣는 것까지 포함합니다. 기도는 이렇게 하나님과 하는 인격적인 대화입니다.

인격체이신 하나님

대화란 함께 이야기하는 것입니다. 우리는 기도가 서로 이야기하듯 말을 주고 받아야 하는 대화임을 배웠습니다. 그러나 여기에 우리가 느끼는 어려움이 있습니다. 그 어려움은 우리가 낯선 사람과 이야기하려면 두려움이 앞선다는 것입니다. 사람에 대한 두려움이 풍토병이 되어 버린 세상에서 다른 사람과 이야기하는 것은 쉽지 않습니다. 더군다나 보이지 않는 하나님과 이야기하는 것은 두려운 마음뿐 아니라 그분을 눈으로 볼 수도 없기에 대화가 전혀 불가능한 것처럼 여겨집니다.

그러므로 우리는 먼저 하나님이 어떤 분이신지를 알아야 합니다. 우리에게 먼저 다가오시고 늘 우리를 찾아 부르시고 기도의 대화를 먼저 시작하길 원하시는 그분이 누구신지, 왜 그렇게 하시는지를 우리는 알아야 합니다.

■ **창세기 1장 26-27절**을 읽으십시오. 하나님은 사람을 지으실 때 어떻게 만드셨습니까?

하나님은 자신의 모양과 형상을 따라 사람을 만드셨습니다. 하나님은 웅장한 자연을 창조하시고 각양 생물로 세상을 가득 채우신 후 마지막으로 사람을 창조하셨습니다. 이때 처음으로 삼위일체 하나님의 대화가 나옵니다. "우리가 우리의 형상을 따라 우리의 모양대로 사람을 만들자" 사람은 이런 하나님의 결정하심에 따라 하나님의 형상과 모양을 가진 존재로 창조되었습니다.

- 하나님께서 인간을 창조하신 목적이 무엇이라고 생각합니까?

하나님이 인간을 지으신 목적은 그분의 형상을 가진 우리와 함께하는 즐거움을 나누기 위함이었습니다. 이것은 다른 모든 피조물들과는 차별되는 사람의 특성입니다. 사람만이 하나님의 가장 귀한 성품을 받은 것이며 가장 소중한 그분의 속성을 부여 받은 것입니다. 이렇게 지음을 받은 아담이 하나님과 함께했던 것이 기도입니다. 기도는 지금처럼 혼자서 하는 것이 아니라 하나님과 함께하는 그 자체입니다. 보이지 않는 분께 알 수 없는 말을 하는 것이 아니라 우리와 같은 인격체를 가진 분과 교제하는 것입니다. 이런 점에서 기도란 '하나님이 나를 지으신 목적이 무엇인가?'라고 묻는 것과 같습니다.

사람의 제일 목적

한국 교회에서 널리 알려진 신앙고백문에 의하면 "사람의 제일 되는 목적은 하나님을 영화롭게 하며 영원토록 그를 즐거워하는 것이다"라고 말합니다. 이것은 하나님의 창조 목적을 따라 사람인 우리가 가장 힘써야 할 것이 무엇인지를 가르쳐줍니다. 하나님은 우리가 그분과 함께 이야기할 수 있도록 우리를 하나님의 형상과 모양대로 만드셨습니다.

■ 그렇다면 사람이 하나님을 영화롭게 하며 즐거워하는 일이 무엇이라고 생각하십니까?

_____

_____

사람이 하나님을 영화롭게 하며 그를 즐거워하는 일은 하나님의 말씀을 즐겨 듣는 것, 하나님과 대화하기를 기뻐하는 것, 하나님과 함께하는 것을 즐거워하는 것입니다. 이 모든 것이 기도입니다. 기도, 즉 하나님과의 대화는 그분을 기뻐하고 즐거워하고 그분을 영화롭게 하는 사람의 제일 목적과 일치합니다.

창세기 1:27

하나님이 자기 형상 곧 하나님의 형상대로 사람을 창조하시되 남자와 여자를 창조하시고

■ 이 구절을 여러 번 읽고 외우십시오. 이번 과의 **암송 구절**입니다.

처음 사람과의 대화

하나님은 처음 창조하신 사람 아담과 이야기하셨습니다. 에덴 동산에서 하나님이 아담과 이야기하는 것은 매우 쉬웠습니다. 죄를 짓기 전이어서 벌거벗은 것을 부끄러워하지 않았고, 하나님의 소리를 듣고도 두려워 숨지 않았습니다. 에덴동산에서 하나님과 함께 동행하며 이야기하는 것 자체가 바로 기도였습니다.

■ 내가 생각하는 기도와 첫 사람 아담의 기도는 어떻게 달랐다고 생각하십니까?

_____

_____

첫 사람 아담의 기도는 우리가 생각하는 기도와 달랐습니다. 처음에 아담이 어떤 죄도 짓지 않았을 때 아담은 자신을 찾아오신 하나님을 두려워하지 않았고, 피하지도 않았고, 어떤 이야기도 그분과 나눌 수 있었습니다. 그때에는 우리가 생각하는 것처럼 무릎을 꿇거나 손을 들거나 눈을 감고 우리에게 필요한 것들을 요청할 필요가 없었습니다. 그저 하나님을 즐거워하고 말을 걸어오시는 하나님을 따라 이야기하는 것이었습니다. 바로 그 자연스러움, 삶의 일상 속에서 누리는 평안함이 곧 하나님과의 대화, 기도였습니다.

- 첫 사람 아담과 대화하셨던 하나님께서 지금 나와 이야기하길 원한다고 생각하십니까?

네. 그렇습니다. 하나님은 아담과 그랬던 것처럼 우리와도 대화하길 원하십니다. 그래서 하나님은 자기형상 곧 하나님의 형상과 모양대로 우리를 지으셨습니다.

- 하나님이 우리를 그분의 형상과 모습대로 지으신 것을 묵상할 때 나는 어떤 느낌을 가지게 되는지 적어 보십시오.

아기가 막 태어나서 불그스름한데 우리는 바로 엄마 아빠 중에 누굴 닮았다고 말합니다. 또 닮은 모습을 보면서 환히 웃기도 하고 즐거워합니다. 그리고 아무런 몸짓도, 아무런 말도 할 수 없는 아기에게 우리는 열심히 말을 건넵니다. 아기를 마주보고 말을 건네는 사람이 누구인지 열심히 설명도 합니다. 아기는 존재 그 자체가 부모에게 큰 기쁨이요 즐거움이요 사랑입니다. 이처럼 하나님은 우리로 인해 기뻐하시고 즐거워하십니다.

- 그런데 왜 이런 만남의 기쁨과 대화의 즐거움이 사라졌을까요?

관계의 깨어짐

■ **창세기 3장 1-13절**을 읽으십시오.

본문에 나오는 '뱀'은 오늘날의 동물, 뱀이 아닙니다. 성경은 '옛 뱀'을 '용'과 동일시합니다(계12:9). 이 용은 사탄의 도구가 되어 그 궤계를 사람에게 전할 만큼 "들짐승 중에 가장 간교한" 생물이었습니다. 이후에 용(뱀)은 사탄을 상징하는 동물로 성경에 등장합니다. 뱀의 간교한 유혹에 빠져 하나님께서 먹지 말라고 하신 선악과를 아담과 하와가 먹었습니다. 하나님이 말씀하신 것을 따라 지키지 않았을 때 어떤 일이 일어났습니까?

창세기 2:16-17

여호와 하나님이 그 사람에게 명하여 이르시되 동산 각종 나무의 열매는 네가 임의로 먹되 선악을 알게 하는 나무의 열매는 먹지 말라 네가 먹는 날에는 반드시 죽으리라 하시니라

창세기 3:7-8

이에 그들의 눈이 밝아져 자기들이 벗은 줄을 알고 무화과나무 잎을 엮어 치마로 삼았더라 그들이 그 날 바람이 불 때 동산에 거니시는 여호와 하나님의 소리를 듣고 아담과 그의 아내가 여호와 하나님의 낯을 피하여 동산 나무 사이에 숨은지라

하나님은 그들이 죽을 것이라고 말씀하셨습니다. 죽음은 분리입니다. 죄는 필연적으로 분리를 가져오는데 이 분리란 '사망' 즉 영적 사망입니다(롬 6:23). 죄가 들어온 후 사람은 살았으나 죽은 사람입니다. 왜냐하면 육체는 살아 있지만 죄로 말미암아 하나님과의 생명적인 교제, 호흡, 대화는 끊어졌기 때문입니다.

좋았던 관계가 깨어졌습니다. 죄의 결과 중 가장 무서운 것은 우리가 하나님으로부터 끊어지는 일입니다. 인간의 가장 고귀한 축복인 하나님과의 자연스럽고 순전한 대화가 막혔고, 그분과 함께했던 즐거움과 기쁨은 사라졌습니다. 오히려 자기들의 몸이 벗은 줄 알고 부끄러워 하며 하나님의 낯을 피하여 숨어 버립니다. 하나님의 음성, 말을 걸어오시는 그분의 소리를 들으면서도 아무런 대꾸도 하지 못합니다.

■ **무엇이 하나님과 처음 사람 아담과의 관계를 막아 버렸습니까?**

_____

_____

불순종의 죄가 하나님과 사람의 관계를 차단시켜 버렸습니다. 그들은 더 이상 하나님과 대면해 이야기할 수 없게 되었습니다. 아담과 하와는 죄를 지었습니다. 하나님께 불순종했습니다. 그들은 하나님으로부터 숨었고 하나님을 두려워했습니다. 하나님과 함께하는 것이 불편해졌고 하나님을 대면하여 이야기하는 것이 불가능해졌습니다. 결국 에덴동산에서 쫓겨났습니다. 하나님이 예고하신 대로 영적 사망에 처해진 것입니다. 불순종의 결과로 하나님과 대화가 단절된 아담과 하와는 불행해졌습니다.

잃어버린 친구

창세기 3장을 보면, 인간이 어떻게 완전성에서 벗어나 죄를 범하게 되었고 에덴동산에서 쫓겨나게 되었는지, 어떻게 우리가 아버지와의 관계를 잃어버렸는지를 배우게 됩니다. 이 본문을 읽을 때 우리는 늘 죄인된 관점에서 읽게 되고 스스로 많은 질문을 던지기도 합니다. 그러나 창세기 3장에 나타난 인간의 타락을 인간을 창조하신 하나님의 입장에서 생각해 본 적이 있나요? 인간이 잃어버린 것 말고, 하나님이 잃어버리신 것은 없을까요?

■ 인간의 타락으로 인하여 하나님이 잃어버린 것은 무엇일까요?
_____
_____

창세기 3장 9절에서 하나님이 동산을 거닐며 아담을 찾는 모습이 나옵니다. "네가 어디 있느냐"(Where are you?) 하나님께서 무엇을 잃어버렸다고 생각하십니까? 그것은 '친구의 우정'입니다. 하나님께서는 아담과 동산을 함께 거닐며 대화를 나누고 동역자로서 교제를 즐기셨습니다. 창세기 3장을 읽으면서 우리의 초점은 죄를 범한 인간에게 있었기 때문에 하나님을 피해 숨어 버린 아담과 하와의 수치심과 두려움과 죄책감에 집중했습니다. 그러나 "네가 어디 있느냐?"고 외치시는 하나님의 음성에 귀기울여 보십시오. 이것은 하나님이 잃어버린 대화의 상대, 즉 친구를 찾으시는 하나님의 간절한 외침입니다.

에덴 동산에서부터 지금까지 들려오는 이 하나님의 음성은 하나님께서 잃어버린 인간과의 우정, 그것을 회복하기 위한 부르짖음입니다. 그날 아담과 하와가 하나님을 피해 나무에 숨고 동산을 떠난 이후에도 하나님은 계속해서 "네가 어디 있느냐?"고 간절히 찾고 계신 것입니다. 잃어버린 친구를 찾는 하나님의 음성은 우리를 향한 하나님의 사랑의 기도입니다.

- "○○○야, 네가 어디 있느냐?" 나를 찾고 계신 하나님께 "제가 여기 있습니다"라고 응답해 보십시오.

3 기도는 예수님이 가르쳐 주십니다

잃어버린 관계, 끊어진 대화를 어떻게 회복할 수 있을까요? 하나님을 떠난 인간 아담과 하와는 그들을 찾으시는 하나님의 음성을 듣고도 숨어 버렸지만 하나님의 이야기는 멈추지 않았습니다. 죄를 지은 인간은 하나님과 이야기하는 것을 좋아하지 않았고, 자신의 부끄러움을 감추려고 스스로 무화과 나뭇잎으로 옷을 만들어 입었습니다. 인간 자신의 힘으로 자력으로 살 방법을 찾은 것입니다. 그러나 그것은 매우 일시적이며 임시방편적인 것이었습니다. 하나님을 떠나 하나님과의 대화가 끊어진 인간이 살 수 있는 길은 없었습니다. 범죄한 인간이 고안한 방법으로는 죄를 해결할 수가 없습니다. 그래서 이번에도 하나님이 직접 죄의 문제를 해결할 방법을 택하십니다.

- ■ 하나님이 아담과 하와를 위해 선택하신 방법은 무엇입니까? 창세기 3장 21절을 읽고 적어 보십시오.

  _____
  _____

하나님께서 그들에게 '가죽옷'을 지어 입히셨습니다. 가죽옷은 짐승을 잡아 만든 것입니다. 하나님께서 지어 주신 옷은 동물의 희생을 통해 마련된 것입니다. 사람이 만든 무화과나무 잎은 우리의 죄를 가리워 주지 못합니다. 하나님이 주신 희생 제물만이 사람의 죄를 덮어 주는 것입니다. 여기서부터 "피 흘림이 없은즉 죄 사함이 없다"는 말씀이 예표되고 있는 것입니다. 이것은 장차 예수님의 십자가 보혈을 통해 단번에 드려지게 되는 피 흘림의 모형이 되었습니다.

예수 그리스도

히브리서 9:22, 28

율법을 따라 거의 모든 물건이 피로써 정결하게 되나니 피흘림이 없은즉 사함이 없느니라… 이와 같이 그리스도도 많은 사람의 죄를 담당하시려고 단번에 드리신 바 되셨고 구원에 이르게 하기 위하여 죄와 상관 없이 자기를 바라는 자들에게 두 번째 나타나시리라

하나님께서 우리를 첫 사람 아담과 하와의 죄로부터 구원하기 위해 예수 그리스도를 보내셨습니다. 예수 그리스도를 통해 잃어버렸던 '친구의 우정'을 되찾길 원하셨습니다. 예수님은 우리의 죄를 대신하여 십자가에 피 흘려 죽으심으로 우리를 깨끗하게 해주셨습니다. 예수님의 십자가를 통해 우리는 예수님의 이름을 부름으로 하나님 앞에 나갈 수 있게 되었고, 이를

통해 우리를 사랑하시고 우리와 교제를 원하시며 우리와 변함없이 대화하기를 원하시는 하나님을 만날 수 있게 되었습니다.

누가복음 19:10

인자가 온 것은 잃어버린 자를 찾아 구원하려 함이니라

베드로전서 3:18

그리스도께서도 단번에 죄를 위하여 죽으사 의인으로서 불의한 자를 대신하셨으니 이는 우리를 하나님 앞으로 인도하려 하심이라 육체로는 죽임을 당하시고 영으로는 살리심을 받으셨으니

예수님이 육체로 죽임을 당하시고 영으로 살리심을 받으심으로 우리가 구원을 얻게 되었습니다. 우리가 하나님을 떠나 있을 때도 하나님은 우리와 함께하셨습니다. 그분의 관심은 늘 잃어버린 자들이었습니다. 그래서 하나님은 잃어버린 자를 되찾기 위해서 그의 독생자 예수 그리스도를 통하여 끊어졌던 우리와의 관계와 교제를 새롭게 하셨습니다. 이제 우리는 우리의 노력과 힘으로 만든 무화과나무 잎이 아닌, 생명의 이름, 예수 그리스도로 말미암아 하나님과 이야기하며 교제할 수 있게 되었습니다.

chapter 1

예수님의 친밀한 기도

예수님은 유대인 남자로서 당시 유대인이 지켜야 했던 매일 정해진 시간에 기도를 드렸습니다. 전통적인 유대인은 제 육시와 구시(오늘날로 하면 정오와 오후 3시)에 성전에 올라가 기도해야 했습니다. 또한 예수님은 정해진 시간에 감람산에 올라가 기도하셨습니다(눅 22:39). 그리고 새벽 미명에 한적한 곳으로 가서 기도하셨습니다(막 1:35). 이런 예수님의 모습은 여느 경건한 유대인처럼 습관을 좇아 하는 기도였습니다.

하지만 예수님의 기도는 그들과는 다른 새로운 기도였습니다. 그분의 기도 속에는 당시 사람들이 잃어버린 하나님과의 친밀함이 있었습니다. 예수님이 하나님과 누렸던 친밀함은 당시 종교지도자들의 기도에서는 볼 수 없었던 전혀 다른 모습이었습니다. 제자들이 예수님께 "우리에게도 기도를 가르쳐 달라"고 부탁했을 때 예수님이 가르쳐 주신 기도 속에서 이 친밀함을 발견할 수 있습니다.

■ **마태복음 6장 9-13절(누가복음 11:1-4 참고)**을 찾아서 읽으십시오. 당시 종교지도자들과 다른 예수님의 기도는 무엇이었습니까?

_____

_____

"하늘에 계신 우리 아버지여." 이것은 예수님의 기도입니다. 예수님에게 기도는 하늘에 계신 아버지와의 대화였습니다. 복음서를 보면 예수님은 무려 170번가량 하나님을 '아버지'라고 부르셨습니다. 지금 우리에게 하나님을 아버지라고 호칭하는 것은 이상한 일이 아닙니다. 하지만 구약성경을 믿던 당시의 유대인들은 어느 누구도 하나님을 '아버지'라고 부르지 못했습니다. 그러나 예수님은 하나님을 '아버지'라고 부르며 기도하셨고 또 제자들에게 그렇게 기도하라고 가르치셨습니다. 첫 아담이 에덴에서 했던 친밀한 대화를 둘째 아담으로 오신 하나님의 아들 예수 그리스도께서 다시 회복시켜 주신 것입니다.

예수님의 아버지와의 친밀함은 "아버지의 뜻이 하늘에서 이루어진 것처럼 땅에서도 이루어지라"는 고백으로 이어집니다. 예수님의 기도는 아버지와 아들의 대화이며, 하나님과 인간의 소통이고, 하늘과 땅의 만남이요, 영원과 현재의 공존입니다.

사탄에게 속지 말라

- 왜 우리는 하나님 아버지의 뜻이 하늘에서 이루어진 것처럼 이 땅에서도 이루어지라고 기도해야 할까요?

하나님의 나라가 아직도 온전하게 이 땅에 임하지 않았고, 아버지의 뜻이 하늘에서는 이루어졌지만 아직도 이 땅에서는 아버지의 뜻이 이루어지지 못하도록 방해하는 세력이 있기 때문입니다. 이 세상은 인간의 죄 때문에 임금이 된 마귀의 나라와 하나님의 나라가 공존합니다. 우리의 죄 문제를 해결하기 위해 오신 예수님이 십자가에서 다 이루었다 선포하시고 돌아가시고 부활하심으로 하나님의 나라는 이 땅에서 이미 시작되었고 그의 나라는 이 땅에서 점점 확장되어가고 있습니다. 예수님을 믿는 우리가 바로 하나님 나라의 시민들입니다.

그런데 우리가 하나님 나라에 속한 사람이라는 것을 인정하지 못하도록 우리를 속이는 세력이 여전히 이 땅에 있습니다. 이 세력은 "네가 어디 있느냐?"는 하나님의 질문에 계속해서 "저는 벗은 몸인 것이 두려워서 숨었습니다"라고 답하도록 우리를 속이는 사탄입니다. 사탄은 우리가 예수님을 영접했음에도 여전히 하나님과 대화를 나누기에는 부족한 존재이고, 하나님과 대화를 나누는 것은 무서운 일이라는 거짓말로 우리를 속입니다. 이 두려움은 성경에 나오는 첫 번째 두려움으로 하나님과의 대화와 관계된 것이었습니다. 사탄은 계속해서 우리의 기도 생활이 미비하다고, 항상 기도를 제대로 하지 않는다고, 기도를 유창하게 못한다고 생각하게 만듭니다. 사탄은 늘 하나님과 우리와 친밀한 관계를 방해합니다. 우리가 기도하려 할 때 사탄은 우리가 육신과 세상 권세에 굴복하도록 늘 찾아와 온갖 공격을 감행합니다. 사탄에게 속지 마십시오. 이런 사탄의 정체를 알고 어떤 상황과 환경 속에서도 예수님의 기도를 따라 하나님 아버지와의 친밀한 관계를 붙잡는 것이 가장 중요합니다.

4 기도는 하나님과의 의식적인 관계입니다

하나님은 우리가 기도하는 것을 즐거워하길 원하십니다. 우리의 생각, 감정, 계획, 마음 등 우리의 모든 것에 대해 하나님과 함께 이야기하길 원하십니다. 이제 더 이상 우리가 하나님 앞에 나아가 이야기하고 대화하는 것을 막는 것은 없습니다. 그러나 아직도 하나님께 나아가 기도하는 것이 서먹하고 죄책감 때문에 주저하는 사람이 있을 것입니다. '하나님께 말하지 말자. 소용없다. 내 기도는 듣지 않으실 거야. 쓸데없는 짓이야. 차라리 나를 도와줄 사람을 찾자' 이런 생각이 들 때도 있습니다. 다음 성경구절을 소리내어 읽어 보십시오.

요한복음 1:12

영접하는 자 곧 그 이름을 믿는 자들에게는 하나님의 자녀가 되는 권세를 주셨으니

히브리서 4:16

그러므로 우리는 긍휼하심을 받고 때를 따라 돕는 은혜를 얻기 위하여 은혜의 보좌 앞에 담대히 나아갈 것이니라

하나님은 예수님을 영접하고 그 이름으로 나오는 사람을 자녀로 삼으시고 그의 연약함을 은혜로 덮어주십니다. 우리는 하나님의 긍휼하심 때문에 담대히 그 은혜의 보좌 앞에 나아갈 수 있습니다.

의식적인 관계

누군가와 대화를 나누는 일이 처음에는 두려울 수 있습니다. 그러나 친해지면 이 두려움은 곧 사라집니다. 하나님과 만나 대화하는 기도도 마찬가지입니다. 우리는 "네가 어디에 있느냐?"는 하나님의 마음으로부터 흘러나오는 부르짖음에 응답하여 "아버지, 제가 여기에 있습니다. 하나님의 자녀인 제가 주님을 위해 여기 있습니다"라고 말할 수 있습니다. 그럴 때 하나님은 기뻐하실 것입니다. 우리는 하나님의 임재 가운데서 시간을 보내고 그분께 기쁨을 드려야 합니다. 우리가 하나님과 함께 시간을 보내고 대화하면 하나님은 우리에게 더욱더 많은 것을 말씀하실 것입니다. 우리가 하나님을 의식하면 할수록 하나님이 우리의 일상에서 함께하시는 것을 더 깊이 경험할 것입니다. 때로는 꿈으로, 환상으로, 예언의 말씀으로, 기적으로 다가오시는 하나님도 만나게 될 것입니다. 그리고 갈수록 하나님 아버지와 더 친밀한 의사소통을 하게 될 것이며, 이 기도의 즐거움은 무엇과도 바꿀 수 없는 기쁨이 됩니다.

기도는 하나님과 대화하는 것입니다. 하나님과 대화한다는 것은 하나님과 의식적으로 맺는 관계입니다. 하나님의 기도학교는 인격체이신 하나님과 대화하는 것에 익숙하지 않은 그리스도인들이 하나님과 의식적인 관계를 맺도록 훈련하는 과정입니다. 이러한 하나님과의 의식적인 관계는 우리 삶에 깊은 영향을 미치고 모든 관계의 바탕이 됩니다.

우리는 왜 하나님과의 관계를 의식적으로 가져야 할까요? 우리와 자녀와의 관계로 생각해 봅시다. 자녀가 어렸을 때는 자주 대화하고 자주 스킨십도 하며 오랜 시간 같은 공간에서 같은 시간을 보내게 됩니다. 그러다 자녀가 자라서 서로 잘 안다고 생각되면 대화가 더 잘되기보다는 더 어려워지는 경우가 있습니다. 그리고 자녀가 장성하면 대화 자체를 회피하는 경향이 있습니다. 신앙 생활에서도 비슷한 경향이 있습니다. 신앙 생활을 오래하고 신앙에 대한 지식이 쌓이면서 오히려 하나님과의 관계는 더 멀어지는 것을 봅니다. 신앙의 연수가 오래될수록 하나님과의 생동적이고 살아 있는 영적인 관계를 맺기보다는 형식적이고 매너리즘에 빠져 있는 모습들을 보게 됩니다.

- 나는 다른 사람과의 관계를 어떻게 발전시켜 나갑니까?

_____

_____

우리는 어떤 사람과의 관계를 발전시키고 싶을 때 그와 뜻 깊은 시간을 가져 보려고 노력합니다. 그러한 뜻 깊은 시간을 통해 상대방에게 자신을 드러내고 상대방에 대해서도 알아가게 됩니다. 서로 잘 안다고 단정 짓기보다는 관심을 가지고 상대에 대해 더 알아가고자 하는 의식적인 노력을 할 때 관계는 더 깊이 진전됩니다. 우리가 서로 친밀해지는 바탕에는 상대방이 나를 알기 원하고 나에게 호감을 갖고 있다는 신뢰감이 필요합니다. 그러면 상대방이 나를 받아들여 줄 거라는 믿음을 가지고 자신을 드러낼 수 있습니다. 하나님과 친밀해지는 관계에도 이같은 신뢰가 필요합니다. '나는 하나님께 속하였고 하나님은 나와 함께하신다는 것을 의식하는 것'입니다. 우리가 하나님과 떨어져서는 살 수 없는 존재임을 의식하는 바탕에서 하나님과의 의식적 관계로서의 기도는 시작됩니다. 이것이 예수님과 동행하는 삶이요 기도하는 생활입니다. 무엇을 하든 하나님께서 나와 함께하시는 것을 믿을 때 하나님과 의식적인 관계를 맺고 있는 것이고 이것이 기도하는 것입니다.

■ 나는 하나님과의 관계를 발전시키기 위해 어떤 노력을 하고 있습니까? 무엇보다도 하나님께서 나를 원하시며, 나에게 깊은 호감을 갖고 있다는 신뢰가 있습니까?

우리 중에는 하나님에 대한 부정적인 이미지 혹은 잘못된 생각으로 인해 하나님과 의식적인 관계를 맺는 것이 어려울 수 있습니다. 이는 하나님이 항상 나의 죄를 캐며 내가 무슨 죄를 짓는가 감시하는 분으로 연상하는 하나님에 대한 잘못된 이미지 때문입니다. 이런 생각이 자주 든다면 하나님과 의식적 관계를 맺는 것이 매우 어렵게 됩니다. '하나님의 기도학교'는 하나님과의 의식적 관계를 즐거워하도록 도움을 주고자 합니다. 이를 위해 의식성찰 기도훈련을 합니다.

의식성찰 기도훈련
- 성령님과 함께 하루 돌아보기

의식성찰 기도훈련은 의식적으로 하나님과 동행하는 훈련입니다. 늘 우리와 함께하시는 임마누엘 하나님을 의식하는 기도훈련으로 의식성찰이라는 표현을 사용합니다. 의식성찰은 보통 지난 24시간을 되돌아보는 것을 권하는데 잠자리에 들기 전에 하루를 돌아보며 예수님과 동행한 시간과 사건을 의식해 보는 것입니다. 하루를 보내면서 나 혼자 느끼고 생각하고 결정하고 행동한 것이 아니라 나를 사랑하시는 주님이 한 순간도 나와 함께하시지 않은 적이 없음을 의식적으로 돌아보며 기도하는 시간입니다. 의식성찰은 나에게 초점을 맞추는 자기분석, 또는 자기중심의 성찰이 아닙니다. 그

초점이 내가 아닌 나와 동행하신 예수님이고 내 삶 속에 찾아오신 하나님의 손길입니다.

일반적으로 '성찰' 하면 자신을 돌아보고 살펴 반성한다는 뜻으로 이해합니다. 그래서 의식성찰 기도훈련을 한다고 하면 하루를 돌아보며 자신의 잘잘못을 깨닫고 뉘우치며 새롭게 다짐하는 시간으로 여깁니다. 그런데 이것은 별도로 '양심성찰'이라고 부르겠습니다. 의식성찰은 하루를 돌아볼 때 내 죄성과 실수가 보여 자기 정죄감이나 죄책감에 사로잡히거나 반면에 내 의가 나타나서 금방 교만해지거나 다른 생각에 빠지게 하는 양심성찰과는 다릅니다.

의식성찰 기도훈련은 성령님의 도우심을 통해 일상에서 우리와 늘 함께하신다고 약속하신 임마누엘 하나님의 흔적을 찾도록 돕는 훈련입니다. 보통 이 훈련에서 중요한 것은 성령님이 함께하시고 도우셨던 순간을 의식하는 것입니다. 하루를 돌아보면서 언제 하나님이 함께하심을 느꼈는지, 언제 하나님이 함께하심을 방해 받았는지 혹은 내가 방해했는지를 돌아보는 시간입니다. 의식성찰은 하나님의 빛 안에서 우리 자신을 알아가므로 우리의 속사람을 강건하게 하고, 더 나아가 하나님을 더 많이 알아가는 시간입니다.

성령님과 함께 하루 돌아보기

– 아래의 예시를 따라 성령님과 함께 하루를 돌아봅니다 –

• **준비**

눈을 감고 몸을 편안하게 하고 마음을 평온케 합니다.

지금 나의 마음 상태를 하나님께 말씀드립니다.

• **감사 고백**

예수님, 오늘도 성령님을 통해 내가 사는 이 세상에 나와 함께해 주셔서 감사합니다.

이 시간 주님이 나와 함께하심으로 인해 기뻐합니다.

• **빛을 구하기 – 성령님의 조명을 구하는 기도**

주님, 이제 가까이 와 주십시오. 성령님, 나와 함께 나의 하루를 바라보아 주십시오.

나를 도우사 오늘 하루 하나님의 임재의 현장을 알아차리게 하소서.

• **성령님과 함께 지난 하루를 돌아보기**

하루를 다음 세 부분으로 구별하여 봅니다.

(예: 저녁식사부터 잠자리까지, 점심식사부터 저녁식사 전까지, 일어나면서부터 점심 때까지)

성령님께서 나로 하여금 보게 하시는 사건과 만남, 나의 생각과 말, 나의 행위와 태도, 내 속의 갈망, 위로, 고독 등을 보면서 다음과 같이 의식적으로 생각해 봅니다.

_ 나는 오늘 언제 하나님이 함께하심을 느꼈는가?

_ 나는 오늘 어느 순간에 주님의 음성을 들었는가?

_ 나는 오늘 어느 순간에 주님의 음성을 거부했는가?

- **성찰한 것을 기도로 말씀드리기**

  나의 마음과 생각 속에 떠오른 감사와 슬픔, 변화의 의지들을 표현하십시오.

  예수님, 모든 것이 주님으로부터 온 선물입니다.

  힘을 더 주십시오, 지혜와 능력을 주십시오.

  오늘 주신 선물들_____로 인해 감사와 찬양을 주님께 드립니다.

  나의 아픔, 연약한_____를 치유해 주시기를 구합니다.

  내가 잘못한, 실수한_____것에 용서와 자비를 구합니다.

- **감사기도**

  사랑의 예수님, 매일 나의 삶 속에서 늘 함께해 주셔서 감사드립니다.

  자료출처: 이강학 교수(횃불 트리니티 신학대학교 대학원)

5

기도는
입니다.
사람과 함
람과의 대
간은 아갑
왜냐하면
입니다.
나가고
사랑의 대

사랑

우리는
다고 해서
은 쉽게

통을 훌륭하게 잘하는 사람은 흔치 않습니다. 기도도 마찬가지입니다. 누구나 기도합니다. 하지만 하나님과의 친밀한 대화를 누리는 사람은 적습니다. 그래서 하나님과 주고받는 진정한 소통의 기술을 배워야 합니다.

■ 하나님과의 대화를 잘하기 위해 기도는 꼭 배워야 하는 걸까요?

_____

_____

그렇습니다. 꼭 배워야 합니다. 기도는 우리가 그냥 할 수 있는 것이 아니라 배우고 습득해야 합니다. 어떻게 배울 수 있을까요? 어떤 분은 기도는 엉덩이로 배운다고 말했습니다. 즉 기도는 기도하면서 배운다는 말입니다. 기도를 배워야 하는 이유는 기도의 능력은 타고나는 것이 아니기 때문입니다. 기도는 부분적으로 개발되는 하나의 습득된 기술입니다. 우리는 기도를 성경에서 배울 수 있으며, 또한 신약시대 예수님의 제자들처럼 "우리에게도 기도하는 법을 가르쳐 주세요"라고 성령님께 청함으로 배울 수 있습니다.

기도 스타일

우리는 기도를 배운다고 하면 기도하는 방법을 먼저 생각합니다. 기도학교에서 기도를 배우면서 먼저 인정해야 하는 것은 기도에 완벽한 방법 같은 것은 없다는 것입니다. 사람마다 소통 방법이 각자 다르듯이 기도에 대한 완벽한 모델은 존재하지 않습니다. 나에게 잘 맞는 기도 방법이 있을 뿐입니다. 우리는 각자에게 맞는 기도 스타일을 찾아야 합니다.

그래서 우리는 기도하는 방법을 가지고 판단해서는 안 됩니다. 큰소리로 하는 전투적인 기도와 반면에 조용히 묵상하며 하는 기도 중 어느 것이 옳다, 그르다고 말할 수 없습니다. 그렇지만 개인의 서로 다른 스타일을 모두 합치면 우리의 가정, 교회, 도시, 나라를 위한 멋진 기도의 합주가 됩니다. 하나님은 개개인의 스타일을 인정하시면서 성령님의 지휘 아래 아름다운 하모니를 내는 기도의 합주회를 가장 기뻐하십니다. 그래서 함께 기도할 때, 기도의 스타일은 서로 다르지만 때론 전투하는 용사처럼 영적 전쟁의 기도를 드려야 하고, 때론 잠잠히 침묵의 기도를 드려야 합니다. 하나님의 기도학교를 통해 자기에게 맞는 가장 자연스러운 기도 방법을 찾아가고, 풍성한 기도의 언어들을 많이 배우는 시간이 되길 바랍니다.

기도노트

날짜　20 ． ． ．　Mon Tue Wed Thu Fri Sat Sun	**날씨**
나의 기도 시간　Am　　Pm	**큐티**

기도 제목

_____
_____
_____
_____
_____
_____

기도 일지 (주신 말씀, 감사, 생각, 느낌, 응답, 적용)

_____
_____
_____
_____
_____
_____
_____
_____

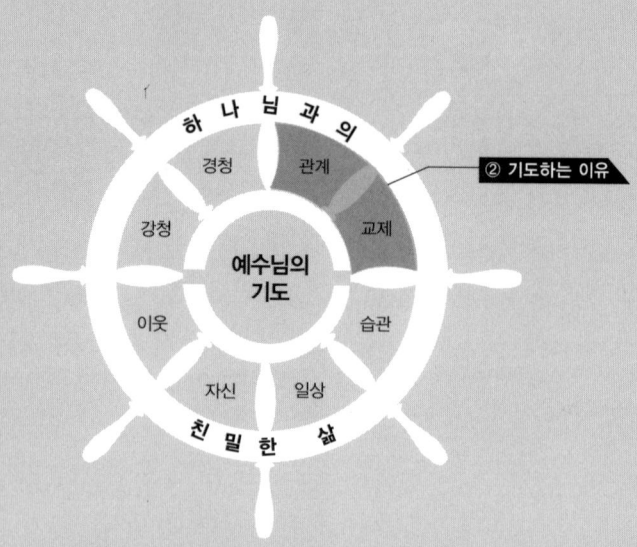

이 과의 목표

1. 기도하는 이유들을 살펴보고 기도의 제목들을 가지고 기도에 힘씁니다.
2. 일상 속에서 만나는 사람들과 일어나는 일들 속에서 기도의 제목들을 발견해서 '기도노트'에 적고 매일 정해진 시간에 기도합니다.

실천 과제

1. 2강을 공부하십시오.
2. 요한복음 15장 7절을 암송하십시오.
3. 교재에 있는 '기도노트'를 사용해서 매일 기도해야 할 제목들을 적어보십시오.
4. 하루 30분씩 기도하십시오.

chapter 2

기도하는 이유
예수님과 친해지기

• 요한복음 15:7

너희가 내 안에 거하고 내 말이 너희 안에 거하면 무엇이든지 원하는 대로 구하라 그리하면 이루리라

■ 기도는 영혼의 '숨'이고, 하나님과 나누는 자연스러운 대화입니다. 대화란 말하는 것과 듣는 것으로 진행됩니다. 양쪽이 다 듣는 것이고, 양쪽이 다 말하는 것입니다. 하나님이 우리에게 말씀하시면 우리는 듣습니다. 우리가 그분께 이야기하면 그분은 들으십니다. 대화는 단순히 말로만 하는 것이 아닙니다. 언어와 얼굴 표정, 몸짓 등 비언어를 통해서도 의사를 소통합니다. 서로 대화할 때는 상대방의 존재를 주목하고 단지 말이 아닌 존재의 언어를 의식적으로 들어야 합니다.

하나님과의 대화 역시 마찬가지입니다. 인격체이신 하나님의 존재를 의식적으로 인식하며 대화하는 것이 기도입니다. 하나님은 우리의 창조주이시고 그분의 형상과 모양을 따라 우리를 지으셨습니다. 우리는 하나님을 떠나서는 존재할 수도, 살 수도 없는 하나님과의 생명의 관계를 맺고 있습니다. 이 관계의 통로가 바로 기도입니다. 그래서 하나님은 우리에게 항상 기도하라고 말씀하셨고, 그분과 함께 자유롭게 이야기할 수 있도록 예수 그리스도를 보내셔서 기도의 길을 열어 놓으셨습니다.

■ 우리가 삶 속에서 하나님을 의식하면서 기도훈련을 해야 하는 이유는 무엇입니까?

우리가 의식적으로 기도해야 하는 까닭은 우리와 함께하시는 하나님을 더 잘 알고, 그분을 더 사랑하고 싶기 때문입니다. 기도를 통해 하나님과의 관계는 깊어지고 하나님의 풍성한 사랑이 우리에게 전달됩니다. 하나님의 사랑, 그분의 마음이 우리 안에 부어질 때 우리가 더욱 그분의 형상과 모양을 닮아 가게 됩니다.

■ 지난 과에서 실습한 의식성찰기도(성령님과 함께 하루 돌아보기)를 통해 하나님이 만져 주신 부분이나 하나님이 주신 마음이 무엇이었는지 서로 나누어 봅시다.

_____

_____

    기도는 하나님의 임재에 대한 의식적인 성찰입니다. 이런 기도훈련은 우리가 하나님의 사랑 받는 자녀라는 것과 하나님은 우리의 아버지이심을 온전히 고백하게 합니다. 기도가 소중한 줄 알면서도 기도를 소홀히 여기거나 기도하지 않는 사람들이 많습니다. 이에 대해 하나님은 안타까운 마음으로 이렇게 말씀하십니다.

    "어리석고 지혜 없는 백성아 여호와께 이같이 보답하느냐 그는 네 아버지시요 너를 지으신 이가 아니시냐 그가 너를 만드시고 너를 세우셨도다"(신 32:6).

    이번 주에는 우리가 왜 기도해야 하는지 그 이유들에 대해 구체적으로 배우려고 합니다. 이러한 배움은 우리의 기도를 더욱 풍성하게 해주고 신앙생활에 성숙함을 더해줍니다.

1 하나님이 우리의 아버지이시기 때문입니다

■ **창세기 1장 27절을 암송해 보십시오.**

하나님이 자기 형상 곧 하나님의 형상대로 (　　)을 창조하시되 남자와 여자를 창조하시고

하나님은 하나님의 형상대로 사람을 지으셨습니다. 누가 하나님의 자녀입니까? 하나님의 형상을 지닌 사람이 하나님의 자녀입니다. 하나님은 우리의 아버지이십니다. 그러나 죄는 사람들로 하여금 하나님을 떠나 아버지가 없는 고아처럼 살아가게 합니다. 세상 사람들은 죄 가운데 빠져 거짓 우상을 아버지로 섬기는 탕자가 되었습니다. 이런 자녀들을 바라보시는 아버지 하나님의 마음이 이사야 1장 2-3절에 이렇게 나타나 있습니다. "하늘이여 들으라 땅이여 귀를 기울이라 여호와께서 말씀하시기를 내가 자식을 양육하였거늘 그들이 나를 거역하였도다 소는 그 임자를 알고 나귀는 그 주인의 구유를 알건마는 이스라엘은 알지 못하고 나의 백성은 깨닫지 못하는도다."

■ **우리가 하나님 아버지를 찾지 않을 때 하나님은 어떻게 느끼실까요?**

_____
_____

아마도 무척 슬퍼하시거나 실망하실 것입니다. 자녀가 아버지를 모르고 아버지를 찾지도 부르지도 않는다면 아버지는 너무 가슴 아프실 것입니다. 반대로 자녀에게는 비참한 현실이요 불행입니다. 이 끊을 수 없고 포기할 수 없는 아버지와 자녀의 관계는 회복되어야 합니다. 이 회복에 대한 하나님 아버지의 열망이 말라기 4장 6절에 나와 있습니다.

말라기 4:6

그가 아버지의 마음을 자녀에게로 돌이키게 하고 자녀들의 마음을 그들의 아버지에게로 돌이키게 하리라 돌이키지 아니하면 두렵건대 내가 와서 저주로 그 땅을 칠까 하노라 하시니라

이 회복의 방법이 예수 그리스도이십니다. 하나님 아버지께서 그 아들 독생자 예수 그리스도를 우리 가운데 보내셔서 그 아들을 영접하는 자 곧 그 이름을 믿는 사람들에게는 하나님의 자녀가 되게 해주셨습니다(요1:12). 자녀가 될 뿐만 아니라 하나님과 그 아들 예수 그리스도와 교통할 수 있게 해주셨습니다. 이것이 기도입니다. 우리가 그분과 교통하며 그분을 가까이하면 하나님이 우리에게 가까이 오신다고 약속하셨습니다.

시편 145:18

여호와께서는 자기에게 간구하는 모든 자 곧 진실하게 간구하는 모든 자에게 가까이 하

시는도다

그런데도 우리가 하나님 아버지께 선뜻 나아가지 못하는 경우가 있습니다. 많은 경우 혈육의 아버지에 대한 경험과 상처가 영원하신 하늘 아버지와 친밀해지는 것을 방해합니다. 사람의 아버지들은 때로 자녀들에게 모질게 행동하고 아픈 말을 할 때가 있습니다.

- 아빠는 지금 너무 바쁘단다. 너 이야기를 들을 시간이 없어. 엄마에게 이야기하렴.
- 내가 시키는 대로만 해라. 아빠가 돈벌어서 공부시키는데 너는 하라는 대로만 하면 돼.
- 이제 더 이상 아빠를 귀찮게 하지 마라. 너 때문에 너무 속상하다.
- 아프긴 뭘 아파. 학교 가기 싫어서 그러지. 잔소리 말고 빨리 갔다 와.
- 다 큰 애가 왜 그러니. 너 혼자 스스로 좀 알아서 해라.
- 넌 할 수 있는 게 뭐냐.

지구상에 있는 아버지 중에 완벽한 아버지는 없습니다. 우리 모두가 죄로 얼룩져 있기 때문입니다. 위의 내용은 우리가 봐도 관대함이 없고, 책임감이 없는 인색한 아버지의 모습입니다. 하지만 좋은 아버지는 그렇게 말하지 않습니다. 아무리 바쁘더라도 아이들에게 언제든지, 무슨 일이든지 자상하게 응대해 줍니다. 아빠 귀에 들리는 자녀의 목소리는 가장 달콤하게 들립니다. 왜냐하면 자녀는 아버지에게 절대적인 우선순위이기 때문입니다.

하나님은 좋은 아버지이십니다. 하나님의 귀에 자녀인 우리의 목소리보다 더 달콤한 소리는 없습니다. 자녀의 목소리에 온전히 귀 기울이고 계신 하나님의 관심을 빼앗을 수 있는 것은 온 세상에 아무것도 없습니다. 혈육의 아버지에 대한 아픈 경험과 상처가 이 하늘 아버지의 마음을 가리울 때가 있습니다. 하지만 하늘 아버지의 풍성하신 사랑은 혈육의 아버지의 연약함으로 인해 빚어진 우리의 상처와 아픔들을 덮어주시고 치유해 주시기에 충분한 것입니다.

- 내가 하나님 아버지께 가까이 나아가는 데 방해가 되는 육신의 아버지에 대한 경험이 있다면 무엇인지 생각해 보시고, 하늘 아버지의 도우심을 구하십시오.

---

2 하나님과 교제할 수 있기 때문입니다

하나님은 우리들을 하나님의 형상대로 지으셨습니다. 우리는 하나님 아버지를 닮은 그분의 자녀들입니다. 하나님이 우리를 지으신 목적은 일이나 봉사를 위해서가 아니라 하나님과 함께 교제하기 위함이었습니다. 우리는 인격체이신 하나님과의 대화, 곧 기도를 통해서 교제할 수 있습니다.

요한일서 1:3

우리가 보고 들은 바를 너희에게도 전함은 너희로 우리와 사귐이 있게 하려 함이니 우리의 사귐은 아버지와 그의 아들 예수 그리스도와 더불어 누림이라

■ 사람이 하나님과 교제할 수 있습니까? 그 이유는 무엇입니까?

네, 사람은 하나님과 교제할 수 있습니다. 왜냐하면 하나님께서 우리를 그분의 형상과 모양대로 지으셨기 때문입니다. 그리고 예수님이 우리가 하나님과 사귐을 가질 수 있도록 죄로 막혔던 길을 뚫고 새로운 길을 열어 주셨기 때문입니다.

히브리서 10:20

그 길은 우리를 위하여 휘장 가운데로 열어 놓으신 새로운 살 길이요 휘장은 곧 그의 육체니라

기도를 통해서 우리는 하나님께 나아갈 수 있습니다. 하나님은 우리와 이야기하길 원하시고 우리와 교제하길 우리보다 더 원하십니다. 하나님은 그의 자녀 된 우리에게 아버지 하나님의 사랑을 충분히, 아주 만족할 만큼 주기를 원하십니다. 그런데 우리는 오랜 시간 앉아서 기도할 만큼 한가하지 않다고 말하거나, 우리 삶이 너무 바쁘다고 말합니다. 하지만 기도는 가만히 앉아서 묵상을 하거나, 끊임없이 눈을 감고 있거나 혹은 하나님과 이야기하는 것을 감각적으로 느껴야 하는 것만을 말하지는 않습니다. 하나님과의 교제로서 기도는 어떤 처지에서든지 그분과 함께 있다는 것, 그분 안에 머무는 것, 그분의 뜻을 구하며 사는 모든 것을 말합니다.

- 하나님께서 언제든지 나와 교제하기를 원하신다는 것을 믿습니까? 또 그것이 가능하다고 생각합니까?

_____

_____

네, 가능합니다. 그래서 이 놀라운 사랑의 교제가 가능할 수 있도록 예수

님을 보내주셨습니다. 하지만 우리는 온 우주를 지으신 하나님께서 사소하고 이기적인 나의 기도를 들으신다는 것이 믿어지지 않을 때가 있습니다. 모든 피조물이 다 하나님의 소유라는 것은 알지만 그건 비유적인 표현일 뿐이지, 그토록 크신 하나님이 나를 돌보시고 이 작은 나의 소리에 귀를 기울이신다는 것이 느껴지질 않습니다. 혹 내가 기도하는 것을 들으셨다 해도 하나님은 늘 나의 필요만을 간구하는 나를 이기적이라고 여기셔서 나를 기뻐하지 않으실 거라고 생각합니다.

이 같은 생각을 한 적이 있습니까? 있다면 슬프게도 잘못 생각한 것입니다. 물론 당신만 그런 것은 아니지만. 이러한 생각들은 하나님의 사랑으로부터 우리를 끊으려는 사탄의 끊임없는 거짓말들입니다. 사탄의 거짓말에 속아온 우리들은 하나님이 우리에게 사랑한다고 말씀하실 때 혹은 기쁨의 선물을 주실 때 혹은 주신다는 약속을 하실 때 의심하며 온전히 믿지 못합니다. 내심 기뻐하면서도 한편으로 내면 깊숙한 곳에서 '내게도 이런 일이, 뭔가 잘못됐어', '정말 하나님이 하신 일일까' 하면서 그 행운에 대해 낯설어하고 때로는 죄책감마저 느낍니다. 마치 하나님이 실수하셔서 어쩌다가 내가 얻게 된 것처럼 말입니다. 그래서 우리는 지금도 여전히 은혜 안에서 하나님을 온전히 신뢰하는 법을 배우는 중인가 봅니다.

우리는 하나님의 형상입니다. 우리는 언제든지 하나님과 교제가 가능하며 그분과 대화할 수 있습니다. 우리가 원하기 전에 하나님이 먼저 우리와 교제하기 원하신다는 것을 기억하십시오.

3 죄를 용서 받을 수 있기 때문입니다

창세기 3장에 따르면 언제 사람이 하나님과의 교제를 멀리하게 되었는지, 왜 하나님의 음성을 듣고도 숨게 되었는지가 나옵니다.

창세기 3:10

이르되 내가 동산에서 하나님의 소리를 듣고 내가 벗었으므로 두려워하여 숨었나이다

사탄의 유혹에 빠져 죄를 지었을 때 우리는 기도하는 것을 즐거워하지 않습니다. 죄를 짓고 그 문제를 해결하지 않으면 우리 영혼은 편안하지 않습니다. 왠지 마음이 무겁고 답답해집니다. 감정적으로 예민하고 폭력적이게 됩니다. 불면증과 우울증에 시달리기도 하고 내적 평화가 없습니다. 더욱 자기 중심적이 되고 분주한 일에 매달리거나 마음 둘 곳을 찾아 방황하기도 합니다. 이런 모든 것은 우리에게 하나님의 사랑과 용서가 필요하다는 증거입니다.

인간의 본성인 자기중심성은 쉽게 잘못을 저지르도록 만듭니다. 그러므로 시험을 당할 때 우리는 자신에 집착하기보다는 하나님을 찾는 시간을 가

져야 합니다. 하나님을 찾지 않고 자기 중심으로 판단하면 쉽게 착각에 빠져 좋은 것을 나쁘게 여기고, 나쁜 것을 좋게 여길 수 있습니다. 하나님의 도움 없이 죄를 스스로 극복하려는 사람은 자신의 능력으로 모든 일을 처리할 것이고 그러면 더욱 회개하는 마음과 멀어질 것입니다. 자신을 의지하지 않고 하나님의 도움을 받고자 하는 마음이 곧 회개하는 마음입니다. 하나님의 도움을 구하는 기도를 통해 우리 안에 있는 죄가 깨달아지고, 우리의 허물이 가려지고, 우리의 불의함이 용서를 받습니다. 이것이 결코 쉬운 일은 아니지만 우리는 우리 죄가 사함을 받고 허물이 가려지도록 기도해야 합니다.

- **역대하 7장 14절을 찾아 적으십시오.**

_____

_____

_____

우리는 기도하면서 자신의 죄를 고백할 수 있습니다. 우리가 기도로 하나님께 나아갈 때 하나님은 우리의 세세한 부분들까지 보게 하셔서 회개하게 하십니다. 기도하며 깨닫게 된 우리의 연약함과 죄악을 하나님께 고백하면 하나님이 들으시고 우리 죄를 용서해 주시며 불의에서 깨끗하게 하십니다 (요일 1:9).

우리는 기도 시간에 자신을 하나님께 전적으로 맡기고 주님께 모든 것을 내어 놓아야만 합니다. 하나님은 마음을 열고 온전히 회개하는 영혼들에게 더 좋은 것을 주십니다. 내가 하나님의 얼굴을 구하고 나갈 때, 나 자신이 용서 받는 것도 좋지만 더 좋은 것은 바로 다른 사람의 잘못을 용서할 수 있도록 하나님이 도와주신다는 것입니다. 기도를 통해 하나님의 사랑과 용서를 경험하면 기도를 통해 또 다른 사람을 용서하게 됩니다.

- 나는 이제까지 다른 사람의 허물과 잘못을 보면 어떻게 했습니까? 하나님께서는 그것을 어떻게 하길 원하십니까?

  _____
  _____

마가복음 11:25

서서 기도할 때에 아무에게나 혐의가 있거든 용서하라 그리하여야 하늘에 계신 너희 아버지께서도 너희 허물을 사하여 주시리라 하시니라

마태복음 18:18-19

진실로 너희에게 이르노니 무엇이든지 너희가 땅에서 매면 하늘에서도 매일 것이요 무엇이든지 땅에서 풀면 하늘에서도 풀리리라 진실로 다시 너희에게 이르노니 너희 중의 두 사람이 땅에서 합심하여 무엇이든지 구하면 하늘에 계신 내 아버지께서 그들을 위하여 이루게 하시리라

하나님께서는 기도로 해결하길 원하십니다. 베드로가 예수님께 물었습니다. "주여 형제가 내게 죄를 범하면 몇 번이나 용서하여 주리이까 일곱 번까지 하오리이까?" 그러자 예수님은 "일흔 번씩 일곱 번이라도 용서하라"고 말씀하셨습니다. 이런 용서가 어떻게 가능할까요? 기도할 때 가능합니다. 서로 마음을 모아서 합심해서 풀고 매면 하늘에서 응답해 주십니다. 우리가 기도할 때, 우리의 죄가 용서 받고 우리가 또 기도할 때 다른 사람의 죄도 용서할 수 있습니다. 그래서 우리는 먼저 우리 자신의 죄를 하나님께 내놓아야 합니다. 이와 같이 우리 마음에 아직도 남아 있는, 해결되지 않은 하나님 보시기에 옳지 않은 것들이 있는지 하나님 앞에서 살펴보아야 합니다.

4 내 안의 가장 큰 갈망을 알 수 있기 때문입니다

우리는 흔히 내 안의 모든 갈망들을 물리쳐야 한다고 생각합니다. 그러나 우리가 살아 있다는 것은 곧 갈망이 있다는 뜻입니다. 우리의 몸과 마음과 가슴과 영혼은 갈망으로 가득 차 있습니다. 걷잡을 수 없이 날뛰며 마음을 몹시 어지럽히는 갈망도 있고, 깊은 사색으로 이끌며 놀라운 비전을 보게 하는 갈망도 있습니다. 어떤 갈망은 사랑하는 법을 가르쳐 주지만 어떤 갈망은 하나님을 찾지 못하게 막습니다.

우리 모두는 갈망의 경험이 있습니다. 갈망은 하나님이 우리를 어떤 사람으로 창조하셨는지를 말해 주는 것일 수 있고, 또는 하나님이 주신 정체성과는 거리가 먼 충동일 수 있습니다. 중요한 것은 우리 안에 갈망이 있다는 것을 알아차리는 것입니다. 우리의 내면을 자세히 들여다보면 온갖 갈망의 덩어리들이 서로 충돌하는 것을 알 수 있습니다. 때로는 나조차도 모르는 '그 무엇'을 갈망합니다.

■ **지금 내가 갈망하고 있는 것은 무엇입니까?**

_____

_____

최신형 스마트폰, 명품 가방, 신형 자동차, 유명 브랜드 옷, 남편의 성공, 자녀들의 멋진 성적표…. 내가 지금 원하는 갈망이 구체적으로 무엇인지 한 문장으로 표현하는 훈련이 필요합니다. 왜냐하면 우리는 내가 모르는 '그 무엇'을 끊임없이 갈망하고 있기 때문입니다. 이 갈망이 깨달아지지 않고 채워지지 않으면 우리 안에 있는 갈망들이 서로 대립하고 충돌하고 갈등을 일으켜 참된 평안을 맛볼 수 없습니다.

내가 모르는 '그 무엇'을 향한 갈망 중 가장 큰 것은 내 안에 있는 하나님에 대한 갈망입니다. 이것을 모르거나 인정하지 않을 때 우리는 다른 갈망들로 우리의 영혼을 채우려고 안간힘을 씁니다. 그럴수록 더 큰 어려움에 빠질 뿐입니다. 그러므로 우리 안에 있는 많은 갈망들 중에 하나님에 대한 갈망이 다른 모든 갈망들의 길잡이가 되어야 합니다. 그렇지 않으면 우리의 몸과 마음과 가슴과 영혼은 피차 적이 되어 혼란에 빠지게 됩니다.

시편 42:2, 8

내 영혼이 하나님 곧 살아 계시는 하나님을 갈망하나니 내가 어느 때에 나아가서 하나님의 얼굴을 뵈올까… 낮에는 여호와께서 그의 인자하심을 베푸시고 밤에는 그의 찬송이 내게 있어 생명의 하나님께 기도하리로다

기도훈련은 우리 안에 있는 모든 갈망을 몽땅 뿌리 뽑는 것이 아닙니다. 기도는 우리 안에 있는 갈망들이 무엇인지를 보게 해 주고, 서로 엉켜져 있

는 것들의 질서를 잡아줍니다. 그리고 그 모든 갈망들이 함께 하나님을 섬겨 생명의 일을 하는 대로 이끌어줍니다.

우리는 기도할 때 하나님의 임재 앞에서 '지금 이 순간, 내가 원하는 것은 무엇인지, 겉으로 보여진 갈망 아래에 더 근본적인 보이지 않는 갈망은 무엇인지'를 우리 자신에게 물어야 합니다. 그 근본의 갈망을 찾아내 자신의 언어로 정리하고, 그것이 어떤 것인지 파악해야 합니다. 그리고 그것을 하나님께 자신의 말과 감정의 표현으로 올려 드리면 우리는 주님의 빛 가운데서 우리의 갈망이 무엇인지 더욱 선명하게 이해하게 되어 성령님의 도우심을 구할 수 있게 됩니다.

우리 안에 있는 갈망들을 놓고 기도할 때 세상의 어떤 것들로도 채워질 수 없는 하나님에 대한 근원적인 갈망을 깨닫게 해줍니다. 이 하나님에 대한 갈망은 우리 영혼의 간절한 목마름입니다. 이렇게 하나님을 간절히 찾는 기도하는 영혼에게 하나님은 가뭄에 내리는 단비처럼 그분의 사랑으로 채우십니다. 우리는 그분의 임재 속에서 하나님의 음성을 들으며 그분의 존재만이 영혼의 갈망을 채워 주실 수 있는 분임을 발견하고 그분과의 더 깊은 교제를 사모하게 됩니다.

5 사랑하며 살 수 있는 방법이기 때문입니다

우리는 사랑을 흔하게 말하지만 우리가 다른 이에게 줄 수 있는 사랑은 극히 적습니다. 우리가 다른 사람을 사랑하길 원하지만 우리 안에는 그런 이타적인 사랑이 없습니다. 가족을 책임지기 위해 직장에서 일하고 성도들을 섬기기 위해 교회에서 봉사하고 다른 사람을 위해 많은 것으로 수고한다 할지라도 그것이 사랑과 맞물려 있지 않다면 아무 소용이 없다고 성경은 말합니다. 사랑이 없이 일한다면 그것은 고역입니다. 기도는 하나님의 사랑과 접속시키는 플러그입니다. 기도가 있어야 사랑의 수고도 가능합니다. 우리의 사랑이 참되기 위해서는 기도 안에서 하나님과 함께해야 합니다. 우리가 기도하면 사랑할 수 있고 사랑하면 비로소 봉사할 수 있습니다.

멀리 있는 사람들을 사랑하는 것은 오히려 쉽습니다. 그러나 가까이에 있는 사람들을 항상 사랑하기란 쉽지 않습니다. 음식으로 배고픔을 달래주는 일은 외로움과 아픔을 위로하는 일보다 쉽습니다. 가정은 서로를 위한 사랑이 시작되는 소중한 장소입니다. 우리가 가정 안에서 가족끼리 서로 사랑하며 살기 위해 기도해야 합니다. 기도는 사랑을 식지 않게 만드는 연료입니다.

- 나는 지금 가족을 사랑하고 있습니까? 가족 중에 고통당하고 있는 사람은 없습니까?

_____

_____

세상에는 참으로 많은 고통이 있습니다. 굶주림에서 오는 고통, 집 없음에서 오는 고통, 온갖 질병에서 오는 물리적인 고통들이 있습니다. 그러나 그 중에서도 외로운 것, 사랑 받지 못하는 것, 주변에 아무도 없다고 느끼는 고통이 가장 큰 고통입니다. 이 고통을 견디게 하고 이기게 해주는 것이 사랑입니다.

우리가 이 세상에 창조된 위대한 목적은 사랑하고 사랑 받기 위해서입니다. 하나님은 우리를 사랑하고 사랑 받는 숭고한 일을 하게 하기 위해서 우리를 지으셨습니다. 믿음 소망 사랑 중에 제일은 사랑이라(고전13:13)고 했습니다. 사랑이 중요합니다. 그러나 예수님과 대화 없이는 이 사랑을 할 수가 없습니다. 참사랑이신 하나님을 만나 그분이 주시는 사랑을 경험하지 않고는 사랑하며 살 수가 없습니다. 먼 곳에 있는 이들이 아닌 바로 내 곁에 있는 이들을 한결같이 사랑하기란 쉽지 않습니다. 하물며 내가 싫어하는 사람들, 또는 나를 무시하고 업신여기는 이들에게는 어떻겠습니까? 자기도 모르게 오만해지고 이기적으로 되는 것은 순간입니다. 또 사랑 없이 살아가며 미워하고 시기하고 비난하고 서로 정죄하고 정죄당하며 사는 것을 부지중에 당연시 여기게 됩니다.

우리는 사랑하기 위해 창조되었음을 반드시 기억해야 합니다. 그리고 사랑하며 살기를 기도해야 합니다. 우리의 사랑은 가까이에서 시작됩니다. 그리고 그 사랑은 우리가 함께 기도할 때 시작됩니다.

6 낙심하거나 포기하지 않을 수 있는 방법이기 때문입니다

성경에서 하나님은 우리를 가까이 오라고 초청하십니다. 우리가 그분을 찾고 부르기를 원하십니다. 하나님께 나아오는 기도의 길을 항상 열어 놓으셨습니다. 그만큼 세상은 혼자 힘으로 감당하기엔 무겁고 힘든 일이 많습니다. 내 힘으로 의지로 노력으로 살기엔 낙심할 일, 수고할 일이 너무나 많습니다. 그래서 하나님은 우리를 날마다 새롭게 초대하십니다.

이사야 55:6

너희는 여호와를 만날 만한 때에 찾으라 가까이 계실 때에 그를 부르라

마태복음 7:7

구하라 그리하면 너희에게 주실 것이요 찾으라 그리하면 찾아낼 것이요 문을 두드리라 그리하면 너희에게 열릴 것이니

누가복음 18:1

예수께서 그들에게 항상 기도하고 낙심하지 말아야 할 것을 비유로 말씀하여

■ 예수님은 우리가 낙심하는 대신 무엇을 하라고 말씀하십니까?

_____

_____

기도하라고 말씀하셨습니다. 그런데 우리는 어떻게 합니까? 기도하는 대신 걱정하고 근심합니다. 하나님의 도우심을 바라기보다는 사람들이 한 일을 가지고 말할 때가 많습니다. 기도는 잠시 하고 의논을 많이 합니다. 의논을 하다 안 되면 회의를 합니다. 회의하면서 서로에 대해 회의를 느낍니다. 신앙에 대해서, 교회에 대해서, 하나님에 대해서 회의에 빠집니다. 이것은 기도하지 않기 때문에 생긴 결과입니다.

빌립보서 4:6

아무것도 염려하지 말고 다만 모든 일에 기도와 간구로, 너희 구할 것을 감사함으로 하나님께 아뢰라

■ 이 구절에서 왜 하나님께서 우리에게 기도하라고 말씀하십니까?

_____

_____

부모가 자녀에게 무엇인가 하라고 말할 때 부모는 자녀에게 어떤 기대를 합니까? 자녀들은 부모가 왜 그것을 하라고 하는지 이해할 때도 있지만 그렇지 못할 때도 있습니다. 그러나 부모는 자녀가 부모의 요구를 이해했든 하지 않았든 순종하기를 기대합니다. 예수님을 영접한 우리는 하나님의 자녀입니다. 하나님은 우리에게 기도해야 한다고 말씀하십니다. 그것도 "항상 기도하라"고 말씀하십니다. 이 말씀을 다 이해할 수도 있고 이해하지 못할 수도 있습니다. 다만 확실한 것은 하나님이 그의 자녀 된 우리에게 모든 것에 대해 항상 기도하기를 원하신다는 사실입니다.

그 이유는 하나님은 우리가 낙심하기를 원치 않으시며, 우리를 도와주기 원하시기 때문입니다. 하나님께 도움을 구하고 하나님 아버지를 신뢰하길 원하십니다. 지금 나를 괴롭히는 근심과 걱정은 무엇입니까? 나에게 좌절감을 주고 그만두고 싶게 만드는 일이 무엇입니까? 하나님께 털어놓으십시오. 하나님과 대화하면 마음이 새로워집니다. 늘 우리 가까이에서 들려주시는 하나님의 말씀이 우리를 새롭게 만들어주십니다.

7 세상의 유혹과 시험을 이길 수 있기 때문입니다

예수님은 성령에 이끌려 광야로 가셔서 40일을 금식하신 후 마귀에게 시험을 받으셨습니다. 인간의 몸으로 뿌리칠 수 없는 유혹을 받으셨지만 하나님의 말씀으로 이기셨습니다. 이것은 예수님의 공생애가 시작되는 시점에 일어난 사건이었습니다. 3년 반의 공생애를 마무리하는 시점에 이르러서는 십자가를 지시기 위해 예루살렘으로 올라가셨습니다. 그리고 잡히시기 전날 밤 예수님은 겟세마네 동산에서 기도하셨습니다. 겟세마네에서 예수님이 기도하신 내용은 무엇이었습니까?

마태복음 26:39

조금 나아가사 얼굴을 땅에 대시고 엎드려 기도하여 이르시되 내 아버지여 만일 할 만하시거든 이 잔을 내게서 지나가게 하옵소서 그러나 나의 원대로 마시옵고 아버지의 원대로 하옵소서 하시고

- 십자가의 고난을 감당하시기 위해 간절히 기도하신 예수님이 제자들에게 부탁하신 일은 무엇입니까? **마태복음 26장 41절**을 적으십시오.

_____

예수님은 제자들에게 "시험에 들지 않게 깨어 기도하라"고 부탁하셨습니다. 이 구절을 보면, 우리는 무엇을 위해 기도해야 합니까? 우리의 육신이 약하고 유혹에 넘어지기 쉽기 때문에 깨어 기도해야 함을 알 수 있습니다. 우리는 시험과 유혹을 이겨 내기 위해 기도해야 합니다. 예수님께서 제자들을 떠나시면서 그들을 위해 어떻게 기도하셨는지 기억해 보십시오.

요한복음 17:15

내가 비옵는 것은 그들을 세상에서 데려가시기를 위함이 아니요 다만 악에 빠지지 않게 보전하시기를 위함이니이다

예수님이 누구를 위해서 기도하고 있습니까? 우리들을 위해 기도하십니다. 우리들이 악에 빠지지 않고 악을 이겨 내기를 기도하십니다. 하나님은 그의 사랑하는 자녀들이 세상의 유혹과 죄악의 시험에 빠지지 않고 보전되기를 원하십니다. 그리고 하나님은 우리가 죄를 이겨 내도록 돕기 원하십니다. 기도할 때 우리는 유혹을 이겨 내고 승리할 수 있습니다. 우리는 항상 죄에 빠질 수밖에 없다고 생각하는 사람들입니다. 그게 현실입니다. 그러나 하나님은 더 좋은 길을 우리에게 주셨습니다. 유혹을 받을 때 우리는 하나님과 대화할 수 있습니다. 하나님께 기도하면 하나님이 우리가 유혹으로부터 벗어나도록 도와주실 것입니다. 죄에 대하여 '아니오'라고 말할 수 있는 능력을 주십니다. 기도하면 우리의 영혼이 세상의 유혹이라는 사냥꾼의 올무로

부터 벗어날 수 있는 도움을 만나게 됩니다. 그 도움을 주시는 여호와의 이름을 부르는 것이 기도입니다.

- 나에게 찾아온 유혹의 올무가 있다면 지금 기도하십시오. 하나님이 도와주실 것입니다.

_____

_____

시편 46:5

하나님이 그 성 중에 계시매 성이 흔들리지 아니할 것이라 새벽에 하나님이 도우시리로다

시편 16:8-9

내가 여호와를 항상 내 앞에 모심이여 그가 나의 오른쪽에 계시므로 내가 흔들리지 아니하리로다 이러므로 나의 마음이 기쁘고 나의 영도 즐거워하며 내 육체도 안전히 살리니

우리는 연약하기 때문에 완벽하게 유혹을 이길 수 없다는 사실을 인정해야 합니다. 그 유혹을 물리칠 틈도 없이 그리고 그들을 공격할 생각도 하기 전에 먼저 상처를 입을 수 있다는 사실도 잘 알아야 합니다. 세상의 유혹을 받을 때는 너무 방심해서도 안 되고 혼자 싸울 수 있다고 교만해져서도 안 됩니다. 우리의 약함을 인정하고 하나님을 붙들고 그분께 맡겨야 합니다.

우리 힘으로 이길 수 없음을 솔직히 고백하고 우리의 마음을 그분께 향하며 점점 더 가까이 하나님 앞에 나가야 합니다. 마치 어린아이가 무서우면 엄마 품으로 파고들듯이 말입니다. 그러려면 하나님 품을 믿고 의지할 수 있어야 합니다. 하나님 품에 있으면 아무 염려가 없습니다.

출애굽기 14:14

여호와께서 너희를 위하여 싸우시리니 너희는 가만히 있을지니라

예수님을 주인으로 영접한 사람은 세상의 유혹과 시험 중에도 낙심하지 않습니다. 어떠한 환경 속에서도 하나님이 모든 일을 합력하여 선을 이루실 줄 믿기 때문입니다. 그래서 세상의 풍랑이나 유혹을 무서워하거나 염려하지 않고 기도로 이겨 내는 지혜와 능력을 가지게 됩니다. 더 나아가 세상의 유혹과 시험에 붙잡힌 사람들을 기도로 도와주게 됩니다. 이것이 기도하는 사람의 능력입니다.

- 내 주변에 세상 유혹과 시험을 이기도록 기도로 도와주어야 할 사람은 누구입니까?

_____

_____

8 꼭 있어야 할 것을 얻을 수 있기 때문입니다

우리에게는 꼭 있어야 할 것들이 참 많습니다. 자신뿐 아니라 배우자를 위해, 자녀를 위해, 부모님을 위해 필요한 것들도 너무 많습니다. 이 많은 것들을 하나님은 채워주기를 원하십니다. 만약 이 필요들이 채움 받지 못하면 우리는 불만족과 불평과 원망 속에서 끔찍한 인생으로 살게 됩니다. 하나님은 사람이 이렇게 살도록 창조하시지 않았습니다. 하나님은 사람을 하나님의 형상과 모양대로 지으셔서 참된 만족과 기쁨을 누리도록 만드셨습니다. 그래서 우리에게 꼭 있어야 할 것들이 채워지도록 도와주고 인도하십니다.

이사야 40:11

그는 목자 같이 양 떼를 먹이시며 어린 양을 그 팔로 모아 품에 안으시며 젖먹이는 암컷들을 온순히 인도하시리로다

여호와는 우리를 푸른 초장과 쉴 만한 물가로 인도하시는 목자이십니다. 목자이신 하나님의 음성을 듣고 그분의 이야기에 귀 기울이며 그분의 마음을 따라 순종할 때 우리 안에는 부족함이 없게 됩니다. 목자이신 하나님을 따라 부족함이 없는 풍성함을 누리기 위해서 우리는 기도해야 합니다.

■ 지금 내가 하나님께 기도하고 있는 필요는 무엇입니까?

_____

_____

요한복음 15:5, 7

나는 포도나무요 너희는 가지라 그가 내 안에, 내가 그 안에 거하면 사람이 열매를 많이 맺나니 나를 떠나서는 너희가 아무 것도 할 수 없음이라… **너희가 내 안에 거하고 내 말이 너희 안에 거하면 무엇이든지 원하는 대로 구하라 그리하면 이루리라**

■ 요한복음 15장 7절 말씀을 여러 번 읽고 외우십시오. 이번 과 **암송 구절**입니다.

우리는 예수님 안에 거하도록 기도해야 합니다. 나뭇가지에 열매가 맺히는 것은 나무에 붙어 있기 때문입니다. 우리가 필요한 것을 얻고, 원하는 것을 가질 수 있는 것은 예수님을 떠나지 않을 때입니다. "너희가 내 안에 거하고", "내 말이 너희 안에 거하면" 우리의 갈망이 곧 예수님의 갈망이 되고 예수님의 갈망이 곧 우리의 갈망이 됩니다. 그 결과는 "무엇이든지 이루어지리라"입니다.

예수님이 주신 놀라운 약속입니다. 우리가 필요한 것들을 얻을 수 있는 방법으로 주님은 무엇이든지 원하는 대로 기도하라고 말씀하십니다. 하나님은 하늘의 보물 창고를 기도로 두드리고 열라고 말씀하십니다. 그러나 구하기 전에 "내 안에 거하고"라는 말을 주목하십시오. 우리의 기도 응답은 그분 안에 있습니다. 우리가 기도할 때 응답을 얻지 못하는 기도도 있을 수 있습니다. 왜 그렇습니까?

야고보서 4:3

구하여도 받지 못함은 정욕으로 쓰려고 잘못 구하기 때문이라

요한복음 14:13

너희가 내 이름으로 무엇을 구하든지 내가 행하리니 이는 아버지로 하여금 아들로 말미암아 영광을 받으시게 하려 함이라

- 응답을 받는 기도와 응답을 받지 못하는 기도의 차이는 무엇일까요?

_____

_____

응답을 받는 기도와 응답을 받지 못하는 기도의 차이는 꼭 있어야 할 것과 꼭 있어야 할 것을 넘어서는 것의 차이입니다. 때론 이 둘 사이의 차이가 우리에겐 모호하게 분간이 안 될 때도 있습니다. 하지만 하나님은 우리가 정욕으로 쓰려고 잘못 구하는 것에 대해서는 응답하지 않으십니다. 반대로 우리가 주님 안에 거하며 주님의 뜻이 이루어지도록 꼭 있어야 할 것들을 위

해 기도하면 하나님은 반드시 응답하십니다. 이로써 하나님이 영광을 받으시게 됩니다.

하나님은 우리의 기도를 통해 영광 받길 원하십니다. 우리가 기도할 때 우리 안에 있는 이기적 욕망과 정욕의 불순물이 무엇인지 깨닫게 되고, 더욱 그리스도 예수 안에 거하기를 사모하게 됩니다. 우리는 기도를 통해 하나님을 더욱 신뢰하고 믿음으로 사는 법을 배우게 됩니다. 믿음으로 예수님 안에 거하기를 사모하면 할수록 주님의 응답과 채워 주심을 풍성하게 경험하게 되고 이로써 하나님이 영광을 받으십니다. 그러므로 우리는 하나님의 영광을 위해 더욱 열심히 기도해야 합니다. 우리의 기도를 통해 우리에게 꼭 있어야 할 것들이 채워질 뿐 아니라 또한 우리의 기도가 꼭 있어야 할 것들을 필요로 하는 사람들에게 채움의 통로로 사용되어지기 때문입니다.

빌립보서 4:19

나의 하나님이 그리스도 예수 안에서 영광 가운데 그 풍성한 대로 너희 모든 쓸 것을 채우시리라

9 성령의 역사가 일어나기 때문입니다

우리가 기도할 때 성령의 놀라운 역사가 일어납니다. 마가복음 9장에 보면 예수님이 제자 중에 베드로 야고보 요한을 데리고 변화산에 올라가셨다가 내려오니 산 아래 무리들 가운데 큰 변론이 벌어졌습니다. 예수님의 제자들이 벙어리 귀신 들린 아이를 고치지 못함으로 인해 생긴 변론이었습니다. 예수님은 귀신 들린 아이 아버지의 요청에 아무런 힘도 지혜도 발휘하지 못하는 제자들을 믿음이 없는 자들이라고 책망하셨습니다. 그리고 아이를 데려와 귀신을 내어 쫓으시고 아이의 병을 고쳐 주셨습니다.

- 제자들이 "우리는 어찌하여 능히 그 귀신을 쫓아내지 못했습니까?"라고 묻자 예수님은 뭐라고 대답하셨습니까?(막 9:29)

_____

_____

예수님은 기도 외에는 다른 것으로 이런 일이 일어날 수 없다고 대답하셨습니다. 제자들이 아무런 도움도 주지 못한 원인은 한 가지였습니다. 바로 기도입니다. 여기서 주목할 점이 있습니다. 이때 예수님이 하신 기도는 흔히 우리가 생각하는 그런 기도가 아니었습니다. 하나님 아버지의 이름을 부르시지도 않았습니다. 대신 직접 "귀신을 꾸짖어 이르시되 말 못 하고 못 듣는 귀신아 내가 네게 명하노니 그 아이에게서 나오고 다시 들어가지 말라"고 기도하셨습니다.

이것은 명령하는 기도입니다. 이런 종류의 기도는 예수님의 사역 전체에 고루 퍼져 있습니다. 그분은 바람과 파도를 향하여 "잠잠하라 고요하라"고 명령하여 멈추게 하셨습니다. 문둥병자를 향하여서도 "깨끗함을 받으라"고 명령하셨으며, 소경의 눈을 만지시면서 "열려라" 하고 명령하셨습니다. 중풍병자에게는 "일어나라"고 명령하셨고, 그의 친구 나사로의 무덤 앞에서는 "나사로야, 나오너라"고 명령하셨습니다. 예수님은 그의 제자들에게도 그와 똑같은 권세를 위임하시고 성령의 권능으로 충만케 해 주셨습니다.

누가복음 9:1-2

예수께서 열두 제자를 불러 모으사 모든 귀신을 제어하며 병을 고치는 능력과 권위를 주시고 하나님의 나라를 전파하며 앓는 자를 고치게 하려고 내보내시며

마가복음 11:23-24

내가 진실로 너희에게 이르노니 누구든지 이 산더러 들리어 바다에 던져지라 하며 그 말하는 것이 이루어질 줄 믿고 마음에 의심하지 아니하면 그대로 되리라 그러므로 내가 너

희에게 말하노니 무엇이든지 기도하고 구하는 것은 받은 줄로 믿으라 그리하면 너희에게 그대로 되리라

■ 우리도 예수님처럼 이런 기도를 할 수 있다고 생각하십니까? 그 이유는 무엇입니까?

_____

_____

네, 우리도 예수님처럼 명령기도를 할 수 있습니다. 왜냐하면 예수님이 이런 기도의 권세를 직접 행사하셨을 뿐만 아니라 우리가 예수님의 이름으로 기도할 때 성령의 능력이 나타나기 때문입니다. 이것은 우리의 능력이 아니라 성령의 능력입니다. 우리의 기도에 능력이 있는 것이 아니라 기도를 들으시고 응답하시는 하나님의 능력입니다.

하나님께서는 우리의 기도를 통해 성령의 능력이 자유롭게 역사되길 원하십니다. 삶의 고통과 질병, 불행과 저주에 대해서 믿음으로 기도하고 하나님의 능력이 나타나길 원하십니다. 우리는 믿음의 담대함으로 하늘의 역사를 땅에서 경험하도록 기도해야 합니다. 기도는 하늘의 권능을 땅으로 가져오는 통로입니다.

하나님은 우리에게 주어진 존귀한 이름 예수 그리스도의 이름의 권세를

사용할 것을 원하십니다. 그래서 예수님이 하셨던 일보다 더 큰일을 할 수 있도록 우리를 부르셨습니다. 그 역사의 통로가 기도입니다. 우리가 기도할 때 하늘 문이 열리고 하늘의 능력이 땅에 임하게 됩니다. 하나님의 사람들이 기도하기로 결심할 때, 어둠과 공중 권세 잡은 자는 벌벌 떨고 한 길로 왔다가 일곱 길로 도망갈 것입니다.

요한복음 14:12

내가 진실로 진실로 너희에게 이르노니 나를 믿는 자는 내가 하는 일을 그도 할 것이요 또한 그보다 큰 일도 하리니 이는 내가 아버지께로 감이라

하나님의 역사와 능력은 무한합니다. 하나님은 제한 받지 않으시는 분입니다. 이 놀라운 하늘의 능력을 소통하게 만들고 흘러가게 하는 역사가 바로 기도입니다. 하나님께서는 우리의 기도를 통해 그분의 능력을 마음껏 사용하시길 원하십니다.

기도노트

날짜 20 . . .   Mon Tue Wed Thu Fri Sat Sun   **날씨**

나의 기도 시간   Am   Pm   **큐티**

기도 제목

기도 일지 (주신 말씀, 감사, 생각, 느낌, 응답, 적용)

기도노트

날짜 20 . . .   Mon Tue Wed Thu Fri Sat Sun   **날씨**

나의 기도 시간   Am   Pm   **큐티**

기도 제목

_____
_____
_____
_____
_____
_____
_____

기도 일지 (주신 말씀, 감사, 생각, 느낌, 응답, 적용)

_____
_____
_____
_____
_____
_____
_____
_____

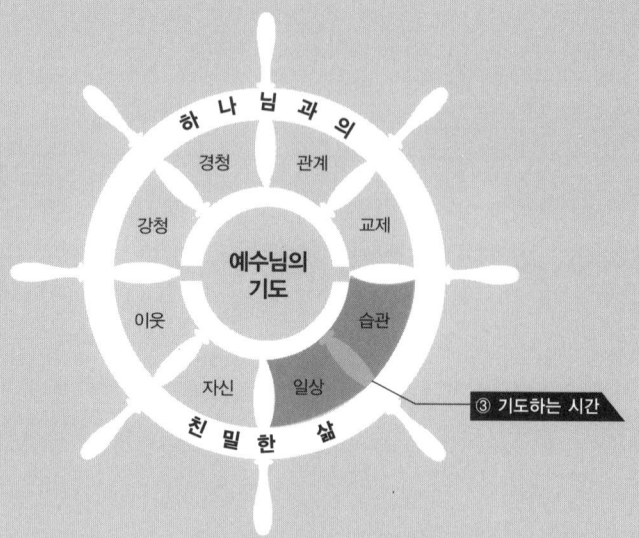

이 과의 목표

1. 기도하는 시간이 언제가 좋은지를 이해하고 소그룹 조원들이 함께 기도하는 시간을 정해 기도합니다.
2. '기도노트' 혹은 '기도일기'를 준비해서 하나님과의 깊은 친밀함을 나누는 기도에 힘씁니다.

실천 과제

1. 3강을 공부하십시오.
2. 골로새서 4장 2절을 암송하십시오.
3. 교재에서 제시하는 '기도일기 쓰는 방법'을 따라 '기도일기'를 적어보십시오.
4. 하루 40분씩 기도하십시오.

chapter 3

기도하는 시간
예수님과 이야기하기

- 골로새서 4:2

  기도를 계속하고 기도에 감사함으로 깨어 있으라

■   하나님은 우리를 자신의 임재 안으로 들어오라고 초청하십니다. "너희가 내 안에 거하고 내 말이 너희 안에 거하면 무엇이든지 원하는 대로 구하라 그리하면 이루리라"(요 15:7). 그분은 우리와 함께 하시고, 우리 안에 계신다고 말씀하십니다. 또한 하나님은 우리가 하나님께 아뢰기를 기다리고 계시며, 우리가 구한 바를 반드시 이루어 주실 것을 약속하셨습니다. 그래서 우리는 기도를 계속해야 합니다.

무엇을 계속한다는 것은 습관과 관련되어 있습니다. 우리의 몸이 건강을 유지하고 성장하기 위해 지속적인 관리가 필요하듯이 영혼의 건강과 성장을 위해서도 계속적인 훈련이 필요합니다. 우리 중에 어떤 이는 기도를 알라딘 램프에 등장하는 지니처럼 생각해서 그저 원하는 것을 말하기만 하면 뚝딱 주어지는 줄로 생각합니다. 말로는 삶 속에서 하나님과의 교제를 원한다고 자주 말하지만 실제는 건강한 영적 관계를 위해 지속적인 훈련은 원치 않을 수 있습니다. 기도는 임시방편이 아닌 지속적인 하나님과의 관계입니다. 이 관계를 진지하게 받아들이고, 그분과 정기적으로 만나는 시간을 가질 때 우리의 기도는 열매를 보게 됩니다. 우리는 하나님과 좀 더 올바른 관계를 맺는 것이 필요합니다. 그리고 하나님의 복을 받고 누리기 위해서는 하나님과의 소통의 방법인 기도의 습관을 잘 개발해야 합니다.

이번 과에서 우리는 하나님과의 지속적인 만남에 대한 새로운 습관들을 배우고, 의식적으로 하나님을 생각하는 훈련을 하려고 합니다. 지속적인 기도 훈련은 우리로 하여금 하나님의 임재에 초점을 맞추게 하고 하나님의 축복에 열려 있게 해 줍니다.

1 좋은 습관들을 따라 기도합니다

'습관'이라는 말은 부정적인 이미지가 있습니다. 기도의 습관이라고 말할 때에 기도가 의무감에 사로잡혀서 형식적인 모양만 있는 것은 아닌지를 생각해 보게 됩니다. 기도가 무거운 짐이 되어서는 오래가기 어렵고, 그런 상태로 오래 간다면 자칫 자기 의로 굳어질 수 있습니다. 모든 것을 의무적인 습관처럼 행하기를 좋아하는 사람들에게 성경은 이렇게 경고합니다. "그리스도께서 우리를 자유롭게 하려고 자유를 주셨으니 그러므로 굳건하게 서서 다시는 종의 멍에를 메지 말라"(갈 5:1).

또 다른 '습관'이라는 말이 주는 부정적인 반응은 기도가 삶의 일부가 되도록 의지적으로 노력하는 모든 것을 거부하는 태도입니다. "난 율법적으로 의무감에 사로잡혀 하는 것은 싫어", "기도를 무슨 순서나 습관처럼 체계를 갖는 것은 너무 인위적이야", "난 자유로운 게 좋아. 나는 자유롭게 영적인 흐름을 타면서 할 거야", "나는 성령님이 원하시는 대로 하도록 맡기겠어" 이렇게 기도의 형식이나 습관을 거부하고 기도가 어떻게 되나 지켜만 보는 방관적인 태도는 주의해야 합니다. 이러한 태도는 영적으로 자유로운 것 같지만 자기합리화에 빠질 수 있습니다.

하나님과의 교제에 있어서 의도적인 훈련이 없이는 하나님과의 관계가 깊어질 수 없습니다. 기도를 배우기로 마음을 먹었다면, 마음의 결단을 내려야 합니다. 나의 기도 생활에 꼭 필요한 훈련을 배우기 위해 규칙적으로 실천할 것들을 계획하고 의식적으로 다짐해야 합니다. 물론 좋은 기도 습관을 위한 훈련 그 자체가 하나님과 나 사이의 관계를 엮어 주는 것은 아니지만, 훈련이 없이는 하나님과의 친밀하고 풍성한 기도 생활을 해 나갈 수 없습니다. 앞에서 배운 기도의 참 의미에 대해서 다시 한 번 기억해 보길 바랍니다.

■ 어떻게 해야 심령을 견고케 하는 기도, 우리를 더욱 자유롭게 하고 우리에게 영적 날개를 달아 주는 기도를 습관화할 수 있을까요? 우리는 이런 기도를 누구에게서 배울 수 있습니까?

_____

_____

무언가에 대해서 알고 싶다면 전문가에게 물어야 하듯이 좋은 기도 습관에 대해 알고 싶다면 마땅히 최고의 전문가이신 예수님께 여쭈어보아야 합니다.

예수님이 가르쳐 주신 좋은 기도의 습관

하루는 예수님의 제자 중 하나가 예수님께 물었습니다. "주여 저희에게도 기도하는 법을 가르쳐 주시겠습니까?"(눅 11:1) 예수님은 그의 요청을 거절하지 않으시고 그들에게 기도하는 법을 가르쳐 주셨습니다. 예수님이 제자들에게 들려주신 기도는 우리 모두가 잘 아는 주기도문입니다. 주기도문에는 기도에 대해 우리가 꼭 기억해야 할 요점들이 담겨져 있습니다.

- **마태복음 6장 5-13절**을 읽으십시오. 이 본문에서 예수님이 가르쳐 주신 기도의 네 가지 특징을 찾아 적어 보십시오.

　_____

　_____

　_____

1) 규칙적으로 기도하라

예수님은 "너희가 기도할 때에"라고 말씀을 시작하십니다. 당시 유대인들은 정해진 시간에 기도했습니다. 예수님께서도 제자들이 정해진 시간에 규칙적으로 기도하는 것을 전제로 하셨습니다. 규칙적인 기도 시간을 갖는 것은 매우 중요합니다. 왜냐하면 규칙성이 없이는 습관이 되지 않기 때문입니다.

2) 은밀히 기도하라

예수님께서 유대인 종교지도자들이 회당이나 큰 거리에서 기도하는 것을 문제삼는 것이 아닙니다. 자신들의 경건을 사람에게 보이려고 하는 그들의 외식적인 기도를 경계하신 것입니다. 하나님은 남들에게 경건의 모양만 드러내 보이는 것을 좋아하시지 않습니다. 그래서 예수님은 사람의 눈에 띄는 칭찬이나 비난이 없는 하나님과의 친밀함을 구하는 골방 기도를 추천하셨습니다.

3) 진실하게 기도하라

주기도문에서 '기도'라는 단어가 빠지면 '주문'이 됩니다. 기도는 진실한 마음이 소통되어야 합니다. 예수님은 거룩한 용어를 남발하는 공식 같은 기도문보다는 우리의 진솔한 속마음을 드려야 한다고 말씀하십니다. 이방인들은 중언부언하며 마음에 없는 말을 많이 하는 것이 기도라고 생각했습니다. 기도를 주문처럼 외운 것입니다. 그러나 하나님은 우리와 진실하게 대화하길 원하십니다. 내 마음의 진실함을 살피면서 기도하는 것이 매우 중요합니다.

4) 구체적으로 기도하라

예수님은 은밀하게 그리고 진실하게 기도하라는 말씀 외에도 구체적으로 기도하라고 말씀하셨습니다. 우리가 기도하면서도 우리 마음이 무엇을 구하는지 막연할 때가 많습니다. 그래서 예수님은 기도의 구체적인 내용들을 가르쳐 주셨습니다. 그것이 바로 주기도문입니다. 이 기도문은 하나님의 관심을 끌기 위한 마법 같은 주문이 결코 아닙니다. 이 기도문은 우리가 기도할 때 구체적으로 기도해야 할 내용들과 그 순서에 대해 가르쳐 주신 것입니다.

- 예수님이 가르쳐주신 기도의 좋은 습관을 가지기 위해 내 생활 속에서 고쳐져야 할 잘못된 습관은 무엇입니까?

  _____

  _____

- 지금 내가 가지고 있는 규칙적인 기도시간은 언제입니까? 앞으로 더 기도하기 위해 확보해야 할 개인적인 기도의 시간은 언제인지 적고, 함께 나누어 보십시오.

  _____

  _____

2 일상생활에서 기도합니다

기도의 습관을 따라 기도한 성경의 인물로 대표적인 사람이 다니엘입니다. 다니엘 6장 7-10절을 보면 다니엘이 자기 집 윗방에 올라가서 예루살렘을 향한 창문을 열고 하루 세 번씩 무릎을 꿇고 기도하는 모습이 나옵니다. 이처럼 우리는 매일의 일상에서 시간을 정하고 정기적으로 기도할 수 있습니다. 다니엘이 정한 하루 세 번씩은 언제였을까요?

시편 55:17

저녁과 아침과 정오에 내가 근심하여 탄식하리니 여호와께서 내 소리를 들으시리로다

1) 아침 – 하루를 시작하면서 하나님과 대화할 수 있습니다

- 나의 하루는 어떻게 시작합니까? 아침에 일어나서 무엇에 대해 하나님과 이야기할 수 있을까요?

우리는 아침에 깰 때에 오늘도 살아 숨 쉰다는 사실에 하나님께 감사할 수

있습니다. 또 지난 밤 평안하게 지낸 것에 대해서도 감사할 수 있습니다. 그리고 새 아침을 맞아 하나님이 함께해 달라고 기도할 수도 있습니다. 하나님을 사랑한다고 고백하며 찬양할 수도 있고 오늘 있게 될 중요한 모임이나 만남 계획 등에 대해서 하나님의 인도하심을 구할 수도 있습니다.

2) 정오 - 점심식사 시간에 기도할 수 있습니다

아침, 점심, 저녁을 먹는 시간처럼 정기적으로 일정하게 찾아오는 시간은 없습니다. 음식을 위해 기도하는 것은 생명의 주인이 하나님이시며 내 모든 삶의 공급자가 하나님이심을 인정하는 귀한 기도입니다. 우리는 매일 음식을 한 번 이상 먹습니다. 식사 기도는 우리가 하나님께 감사하도록 도와주고 하나님께서 이 음식을 우리에게 주셨다는 것을 일깨워 줍니다. 매일 필요한 영양분을 섭취해야 살 수 있는 것처럼 우리는 기도를 해야 삽니다.

간혹 믿지 않는 직장이나 일터에서 다른 신앙을 가진 사람들 틈에서 마음을 모아 기도하기가 쉽지 않을 수 있습니다. 그러나 일터에서 점심식사 시간을 전후로 기도의 시간을 갖는 것은 내 삶의 환경 속에서 하나님의 주권을 인정하는 매우 소중한 시간입니다.

3) 저녁 - 하루를 마무리하며 기도할 수 있습니다

우리는 그날 하루 동안 무엇을 했는지 그리고 나의 삶 가운데 성령님이 어떻게 함께하셨는지를 돌아보는 의식성찰을 통해 기도할 수 있습니다. 이것은 잠자리에 들기 전이나 누워서도 할 수 있는 기도입니다. 하루를 되돌아보며 그날 일어난 일들과 만난 사람들, 사랑하는 사람들, 그리고 나를 실망시킨 사람들을 성령님과 함께 되돌아볼 수 있습니다. 성령님의 만지심이 있던 순간들을 떠올리며 부족한 점은 반성하고, 잘한 점은 감사할 수 있습니다. 그리고 하나님께 자신을 맡기고 그분의 따뜻한 품 안에서 안식합니다.

시편 63:6-7

내가 나의 침상에서 주를 기억하며 새벽에 주의 말씀을 작은 소리로 읊조릴 때에 하오리니 주는 나의 도움이 되셨음이라 내가 주의 날개 그늘에서 즐겁게 부르리이다

이제 잠을 자면서도 기도할 수 있을까요? 우리의 영은 하나님의 영과 연결되어 있습니다. 시편 기자처럼 우리는 잠자리에 들기 전에 매일 밤 "주님, 내가 잠을 자는 동안에도 나의 영에게 말씀해 주세요"라고 기도할 수 있습니다. 쉬지 않으시는 하나님은 우리의 잠자는 영혼까지 만져 주시고 인도해 주십니다.

시편 16:7(NIV 번역, 저자 번역)

I will praise the LORD, who counsels me; even at night my heart instructs me. (나는 밤마다 나의 마음을 상담해 주시는 주님을 찬양합니다)

4) 언제든지 기도할 수 있습니다

우리는 아침, 정오, 저녁 외에도 일상생활에서 언제든지 기도할 수 있습니다. 기도는 어떤 특별한 시간에 특별한 방법으로만 하는 것이 아닙니다. 하나님이 항상 우리와 함께하시므로 기도는 언제든지 할 수 있습니다.

우리는 지금 하나님의 형체를 직접 보지 못하지만 그분은 성령님을 통해 여기에 우리와 함께하십니다. 하나님은 우리가 사람들처럼 만나서 이야기할 수 없는 분이지만 영혼의 '숨'인 기도를 통해 대화할 수 있습니다. 문제는 내게 어려움이 생기고 긴급한 필요가 생겼을 때만 하나님께 이야기한다는 불편한 진실입니다. 하나님은 언제든지 항상 이야기하기를 원하시지만 우리는 정작 그 사실조차 망각한 채 우리 마음과 생각대로 결정하고 행동합니다. 일상생활에서 기도하는 것 자체를 잊어버리고 하나님을 거의 의식하지 못할 때가 많습니다. 기도는 다급할 때 사용하는 일회용 밴드가 아닙니다. 기도는 하나님과의 사랑의 교제를 바탕으로 끊임없이 이루어지는 대화입니다.

■ 나는 일상생활에서 하나님을 얼마나 의식하며 생활합니까?

_____

_____

사람마다 답이 다를 것입니다. 하지만 우리가 의식하기만 한다면 언제든지 하나님과 기도하며 생활할 수 있습니다. 고객이나 사람을 만나 상담 중에도 우리는 그들을 위해 기도할 수 있습니다. 우리는 일을 하면서도, 운전 중에도, 길을 걸으면서도, 욕실에서도 기도할 수 있습니다. 분주하고 번화한 도심지 한복판에서도, 흐르는 시내나 강물, 밀려오는 파도가 있는 바닷가에서도, 나직한 언덕이나, 높은 산에서도 기도할 수 있습니다. 이러한 장소의 변화는 우리의 기도 생활에 새바람을 불어넣어 줍니다. 중요한 것은 우리가 원하면 언제든지 하나님께 기도할 수 있다는 사실입니다.

데살로니가전서 5:17

쉬지 말고 기도하라

로마서 12:12

소망 중에 즐거워하며 환난 중에 참으며 기도에 항상 힘쓰며

"쉬지 말고", "항상" 힘쓴다는 것은 도대체 무슨 의미일까요? 그것은 계속해서 기도한다는 뜻으로 기도는 결코 일이 아니라 생활이라는 것입니다. 마치 숨 쉬는 것이 자연스럽고 편안한 것처럼 기도도 숨 쉬는 것처럼 매일 매 순간에 이루어지는 자연스러운 활동이라는 뜻입니다.

- 나에게 숨 쉬는 것은 희생입니까? 고역입니까?

_____

_____

그렇지 않습니다. 숨 쉬기 위해서 노력이나 힘을 들일 필요가 없습니다. 숨 쉬는 것은 자연스러운 일입니다. 기도를 매일 반복되는 고역으로 생각하지 마십시오. 그러므로 "나는 기도하기를 시작할 거야"라는 말은 옳지 않습니다. 그보다는 "나는 기도를 쉬지 않을 거야"라는 표현이 맞습니다. 왜냐하면 호흡과 같은 기도를 멈추는 그 순간이 곧 영적으로 죽는 날이기 때문입니다. 성령 안에 산다는 것은 그리스도를 '끊임없이 의식한다'는 것입니다. 주일 아침 예배 때만 주님을 의식한다면 그것은 기도를 다시금 일로 만드는 것입니다. 예수 그리스도는 우리에게 활동 곧 일을 갖다 주려고 오신 것이 아니라 우리에게 생명을 주려고 오셨습니다. 생명은 계속되는 것입니다. 이것이 기도입니다.

골로새서 4:2

기도를 계속하고 기도에 감사함으로 깨어 있으라

- 이 구절을 여러 번 읽고 외우십시오. 이번 과의 **암송 구절**입니다.

3 은밀한 시간에 기도합니다

하나님은 우리가 기도의 삶을 살기를 원하십니다. 우리는 하나님과 끊임없이 교통하면서 일상의 필요에 대해서 아뢰고, 심지어 가장 평범한 일까지도 하나님과 대화할 수 있습니다. 그렇지만 하나님은 우리가 하나님과 친밀감을 집중적으로 누리는 시간을 갖기 원하십니다. 친구와 만나 이야기할 때도 가볍게 지나가는 말로 대화할 때도 있습니다. 그러다 서로 말이 통하고 대화가 되면 더 많은 시간을 구별해서 함께 있고 싶어집니다. 하나님과의 사귐도 마찬가지입니다. 처음엔 공식적인 예배 시간에 회중들과 함께 하나님과 만납니다. 그러다 하나님의 사랑과 마음을 깨닫게 되면 좀 더 깊이 있게 하나님을 알고 싶고 그분을 가까이하고 싶은 마음이 듭니다. 누구에게도 제한 받지 않는 하나님과 나만의 교제 시간을 따로 가지길 원합니다. 하나님도 이런 깊은 교제와 사귐을 통해 우리와 만나길 더 열망하십니다.

마태복음 6:6

너는 기도할 때에 네 골방에 들어가 문을 닫고 은밀한 중에 계신 네 아버지께 기도하라 은밀한 중에 보시는 네 아버지께서 갚으시리라 기도 생활을 건강하게 유지하려면 누구의 방해도 받지 않는 하나님과 둘만의 시간이 필요합니다. 이런 개인적이고 친밀한 기도 생활은 하나님을 더 깊이 알게 되고, 하나님과 나만의 비밀을 간직하게 합니다. 그래서 주의를 산만하게 만드는 잡다한 일들, 하나님께 집중하기 어렵게 만드는 환경들, 사람들을 의식하게 만드는 분주함들을 떠나서 따로 구별된 주님과의 은밀한 시간에 교제를 나누는 것은 중요합니다.

- 나의 어려움과 필요가 아닌 오직 하나님과 단둘이 은밀한 교제를 나눈 적이 언제입니까? 조용히 눈을 감고 나의 기도 생활을 되돌아보십시오.

_____

_____

하나님은 다른 기도 제목이 아닌 "오직 나를 만날 목적으로 나에게 오라. 함께하는 친밀한 시간을 갖자"고 말씀하십니다. 이것은 교회 안에서의 의무감 때문이 아니라 단지 하나님의 자녀로서 하나님께 나아가는 것을 말합니다. 우리가 일상적인 일들이나 사람들의 필요로부터 떠나 고독해질 수 있는 장소에서 하나님께로 나아갈 때 우리는 점차 나의 삶 속에서 함께하시는 하나님의 손길을 보게 됩니다. 이러저러한 일들에 휘말렸던 우리의 단편적인 삶으로부터 벗어나 하나님 안에서 통일된 큰 그림으로 자신의 삶을 보게 되고 하나님이 그 안에서 역사하고 계신 것을 깨닫게 됩니다.

하나님이 항상 함께하시며 항상 듣고 계신다는 사실을 알고 계셨던(요 11:41-42) 성자 예수님도 사람들과 세상의 소음들 그리고 사람들 가운데서 해야 할 일들로부터 분리된 하나님과의 은밀한 시간을 가지셨습니다. 예수님은 하나님의 임재 안에서 자신의 길과 일에 대한 방향을 정하셨으며, 하나님의 뜻과 마음을 알아가셨고, 그것을 이룰 수 있는 사랑과 능력을 공급받으셨습니다(막 1:33-39). 이와 같이 우리도 하나님과의 은밀한 기도의 시간이 필요합니다.

4 중요한 때에 기도합니다

인생에는 중요한 일들이 있습니다. 결혼 적령기에 있는 청년에겐 결혼 배우자를 만나는 것이 중요하고, 대학 졸업반인 학생들에겐 직장 취업이 중요하며, 임신을 한 임산부에겐 출산과 아이의 건강이 중요합니다. 이처럼 우리 삶에 중요한 일이 있을 때 우리는 기도해야 합니다. 예수님께서도 열두 제자를 선택하시는 중대한 일을 앞에 두고 기도로 준비하셨습니다(눅 6:12-13).

■ **지금 나에게 크고 중요한 일은 무엇입니까?**

_____

_____

지금 우리는 질병으로 인해, 재정적인 손실로 인해, 사업의 실패로 인해, 도덕적인 상처로 인해, 가정의 크고 작은 일들로 인해 아주 심각한 어려움에 처해 있을 수 있습니다. 예수님께서도 이 땅에 사람으로 오셔서 죽음의 십자가를 지셔야 하는 심각한 고통을 당하셨습니다. 그때 예수님은 겟세마네 동산에서 땀이 핏방울처럼 흘러내리듯이 기도하셨습니다. 가장 절박하고 위급한 때를 맞았을 때 예수님께서도 엎드려 간구하셨습니다. 우리도 자신이 처한 중요한 일을 놓고 또한 주변에 크고 중대한 필요를 느끼고 있는 사람들을 위해서 깨어 기도해야 합니다.

■ **느헤미야 1장 1-11절을 읽으십시오.**

느헤미야는 예루살렘 성이 훼파되고 성문이 불탔다는 소식을 들었습니다. 이 소식을 들은 느헤미야는 울기 시작했고, 그 울음은 금식과 기도로 변화됩니다. 그는 눈물로 4개월을 기도했습니다.

느헤미야 1:4

내가 이 말을 듣고 앉아서 울고 수일 동안 슬퍼하며 하늘의 하나님 앞에 금식하며 기도하여

기도는 성도가 할 수 있는 모든 문제의 유일한 대안입니다. 느헤미야는 예루살렘의 현실을 듣고 가슴이 찢어지게 아팠고 하루 속히 예루살렘으로 돌아가 성을 건축하고 싶은 조바심이 났습니다. 하지만 그는 먼저 간절히 기도했습니다. 하나님이 일하시기 전까지 자신이 앞서 움직이지 않았습니다. 마침내 하나님이 그의 기도에 응답하셔서 아닥사스다 왕과 대면할 수 있는 자리를 마련해 주시고, 느헤미야는 왕 앞에서 자신의 기도 제목을 나누면서 기도한 대로 이루어지는 놀라운 역사를 보게 됩니다.

- 내가 중요한 필요를 위해 기도했을 때 어떤 결과가 주어졌었는지 생각해 보십시오.

어떤 상황에서든지 우리가 취해야 할 자세는 기도입니다. 지금 있는 자리에서 하나님의 뜻을 구하는 것이 기도입니다. 심각하고 중요한 상황에서 우리가 기도하면 하나님은 그분의 마음과 생각을 알게 해 주십니다. 그러나 우리의 육신이 그것을 알아차리지 못하도록 방해할 때가 있습니다. 겟세마네 동산에서 마음은 원했지만 육신이 약했던 제자들처럼 말입니다. 예수님은 제자들이 기도의 자리에서 함께하길 원하셨지만 제자들은 영적으로도 육체적으로도 깨어 함께 기도하지 못했습니다. 기도 생활을 지속적으로 오랫동안 건강하게 잘하려면 우리의 몸도 기도를 배워야 합니다. 우리 몸이 기도할 때 뒷받침되지 않으면 크고 중대한 일을 위해 가장 중요한 때에 기도할 수 없습니다. 우리의 몸과 마음이 시험에 들지 않도록 깨어서 기도할 때 우리는 더욱 선명하고 분명하게 하나님의 뜻과 마음을 알아차리게 됩니다.

마태복음 26장 39절에 보면 예수님이 겟세마네 동산에서 기도하십니다. 그분의 처음 기도는 "이 잔을 내게서 지나가게 하옵소서"였습니다. 거기서는 죽음의 잔, 고난의 잔 앞에서 아버지의 소원과 예수님의 소원이 충돌하며 매우 고통스러워하시는 모습처럼 느껴집니다. 그런데 42절에서 두 번째 기도를 하실 때를 보면 "아버지의 원대로 되기를 원하나이다"라고 기도하십니다. 기도의 무게 중심이 하나님 아버지 쪽으로 기울어져 갑니다. 이후 예수님이 드린 세 번째 기도는 "같은 말씀으로 기도하신 후에"라고 성경에 기록되어 있습니다. 예수님은 자신을 내려놓고 아버지의 뜻에 온전히 순종하는 기도를 드리셨습니다.

가장 긴박하고 중요한 상황에서 하는 기도는 자기 부인을 통해 하나님의 뜻에 순종하도록 이끌어줍니다. 자기 부인이란 사랑 때문에 자발적으로 하는 순종입니다. 참된 사랑을 받은 자만이 할 수 있는 것이 자기 부인입니다. 내가 근본적으로 원하는 것이 무엇인지를 알고 하나님께 분명하게 표현하며 그분과 또박또박 대화를 나누며 기도한 사람은 자신을 부인하고 하나님의 뜻에 순종할 수 있습니다.

그러나 자아가 형성되지 않고 정체성이 뚜렷하지 않은 사람은 기도할 때 먼저 자기 부인부터 하고 나중에 하나님과 다른 사람들을 원망하기 시작합니다. 그래서 자아가 형성되지 않은 사람은 먼저 자신의 진정한 갈망을 찾는 일부터 해야 합니다. 자신에게 가장 중대하고 큰 일이 무엇인지를 알고 올바르게 기도하면 그것보다 더 크고 위대하신 하나님을 발견하게 되고 그 하나님을 인정하고 받아들이면서 자신에게 크고 중요하게 여겨졌던 필요들을 내려놓게 됩니다. 하나님의 형상과 모양으로 지음 받은 하나님의 자녀라는 정체성 속에서 주어지는 기도의 응답은 모든 것을 하나님 앞에서 '예'로 받아들이게 됩니다. 심지어 그것이 심각하고 어렵고 힘든 상황일지라도 하나님을 신뢰하고 의지함으로 하나님께 나아가 그분의 얼굴을 구하며 그분의 뜻에 순종할 수 있게 됩니다.

기도일기 쓰는 방법

■ **기도일기의 유익**

우리의 삶 속에 기도를 세우는 훈련 중에 가장 큰 도움이 되는 것이 기도일기를 쓰는 것입니다. 기도일기라 해서 거창하게 생각하거나 지레 겁먹지 마십시오. 하나님과의 사귐과 교제 속에서 일어난 일들을 적는 것입니다. 기도일기를 쓰게 되면 하나님이 함께하신 시간들이 많았다는 것을 느끼게 되고, 생활 현장 곳곳에서 주시는 하나님의 말씀을 더욱 분명히 듣게 됩니다. 또 내가 드리고 싶은 이야기도 솔직히 말할 수 있고, 드리고 싶은 기도의 제목들도 명확하게 정리가 됩니다. 기도한 후에도 하나님의 응답을 더욱 잘 깨닫게 될 뿐만 아니라, 하나님의 은혜를 더욱 깊고 민감하게 체험할 수 있으며, 이 체험들이 나의 기도의 삶을 더욱 지속적이고 풍성하게 만들어 줍니다.

■ **기도일기의 지침**

_ **한 줄 혹은 몇 줄의 기도문으로 시작하십시오.**

처음부터 모든 내용을 다 적으려고 하면 쉽게 기도일기를 포기하게 됩니다. 달리기를 처음 하는 사람이 마라톤을 완주할 수 없듯이, 기도의 경주에도 영혼의 근력이 붙어야만 더욱 깊은 기도로 들어갈 수 있습니다. 기도일기를 쓰는 것 자체가 이미 절반을 이룬 것임을 기억하시고, 조급한 마음을 내려놓으십시오. 짧은 기도나 하루에 있었던 감사의 일을 적는 것으로 시작하십시오.

_ 나 자신 외에 다른 사람을 의식하지 마십시오.

일기는 내면의 나와 대화하는 것입니다. 기도일기에 적힌 내용은 하나님과 나만 알면 됩니다. 일기를 적을 때 다른 사람들을 의식할수록 진솔한 내 마음은 사라지고 꾸며진 내용들이 나오게 됩니다. 따라서 기도일기를 적을 때는 하나님과 내가 진실하게 영혼의 대화를 하는 것에 중점을 두어야 합니다.

_ 기도 제목을 메모하십시오.

하루를 살면서 순간순간 기도 제목이 생각날 때를 놓치지 말고 곧바로 메모하는 습관을 기르십시오. 삶에서 기도가 필요한 일이 생겼다거나 누군가에게 기도 부탁을 받았다거나 또는 크고 작은 일들로 인해 일어난 마음의 움직임이 있다면, 우리의 기억 속에서 사라지기 전에 메모하는 것이 우리의 기도 생활을 풍성하게 하는 좋은 습관이 됩니다. 펜과 메모지가 없다면 휴대전화를 간단한 메모장으로 활용하는 것도 좋은 방법입니다.

_ 기도에 집중이 안 된다면 그 이유를 적어 보십시오.

때로 기도에 집중하기가 어렵고 마음이 번잡해질 때가 있습니다. 그럴 때는 내 마음을 어지럽게 하는 이유가 무엇인지 생각해 보고 그것을 기도일기에 적어 보십시오. 마음에서 일어난 일들을 적어가며 하나님과 대화하는 이러한 과정은 기도를 가로막고 있는 내 마음의 영적 장애물들을 좀 더 명확하게 바라볼 수 있게 하고, 그 장애물을 극복하게 도울 것입니다.

_ 다른 이의 기도 제목을 적고 기도하십시오.

중보기도는 사람을 사랑할 수 있는 가장 강력한 방법 중 하나입니다. 적다 보면 기도해야 할 사람들의 기도 리스트가 감당하기 어려울 만큼 길어질 때도 있지만 그렇다고 걱정하지 마십시오. 우리는 그중에 매일 두세 가지의 기도 제목을 고를 수 있습니다. 지금 중보기도가 필요한 이들이 누구인지 성령님의 인도하심에 귀를 기울이고 입을 열어 하나님께 기도하십시오. 기도를 계속 하다 보면 점점 더 쉬워질 것이며 당신이 기도로 다른 사람들을 돕는 것이 기쁘게 될 것입니다.

■ 기도일기 실습

1) 기도일기를 적기 전에 예수님의 도우심을 구합니다.

_ "예수님, 나를 도와주소서. 우리를 불쌍히 여겨주소서."라고 기도합니다.

2) 하나님 아버지의 이름을 부르며 떠오르는 찬양이나 감사의 제목을 적어 보세요.

_ 내 마음에 가장 와 닿는 찬송의 가사나 떠오르는 성경구절을 중심으로 하여 하나님 아버지의 성품을 적어 보세요. 정확하지 않아도 좋습니다.

_ 하나님을 향한 감사의 고백을 억지로 하지 말고, 자유롭게 적어 보세요.

3) 하나님 앞에 마음으로 무릎을 꿇고 떠오르는 죄를 적어 보세요.

_ 죄는 두루뭉술하게 적지 말고 최대한 구체적으로 적는 것이 좋습니다.

4) 내 삶에서 주님의 도우심이 필요한 기도 제목들을 적어 보세요.

_ 가정에서의 필요, 일터에서의 필요, 영적 성숙을 위한 필요, 사랑의 마음을 위한 필요 등으로 구분해서 생각해 보면 나 자신의 필요를 잘 파악할 수 있습니다.

_ 필요와 욕심을 잘 분별하여 정욕으로 구하지 않도록 주의합니다.

5) 성령님의 인도하심을 구합니다.

_ "성령님, 도와주세요", "성령님, 무엇을 할까요?", "성령님, 어떻게 할까요?"를 물으며 성령님의 인도하심을 구합니다.

6) 다른 이에게 지금 절실히 필요한 기도는 무엇인지 생각해 보세요.

_ 누군가 내게 부탁한 기도 제목이 있으면 적어 보세요.

_ 배우자, 가족, 친척, 친구, 이웃, 나라, 북한, 선교사, 구원 받아야 할 모든 사람, 원수 등을 차례로 떠올리면서 그 사람의 이름과 기도 제목을 적습니다.

7) 교회를 위한 기도 제목을 적어보세요.

_ 교회의 비전과 현재 중점사역이 무엇인지 적어봅니다.

_ 담임목사님을 비롯하여 다양한 영적 지도자들에게 필요한 기도 제목을 적습니다.

8) 하나님 나라를 위한 기도 제목을 적어보세요.

_ 하나님의 뜻이 땅에서 이루어지는 일이 무엇인지 구체적으로 적어보세요.

_ 하나님의 복음과 선교를 위한 기도 제목들을 적어 봅니다.

9) 하나님께 영광을 돌리며 '예수님의 이름으로' 기도를 마칩니다.

_ "오직 하나님만 영광을 받으시옵소서." 모든 영광을 하나님께 올려 드리며 기도를 마칩니다.

＊1) ~ 9)까지의 모든 기도 내용을 적는 것이 아니라 위의 내용을 참고하여 이 중 하루에 2~3개의 내용들을 적을 수 있습니다.

기도일기

20   년   월   일

말씀과 묵상

오늘의 기도

나눔과 적용

기도일기

20   년   월   일

말씀과 묵상

오늘의 기도

나눔과 적용

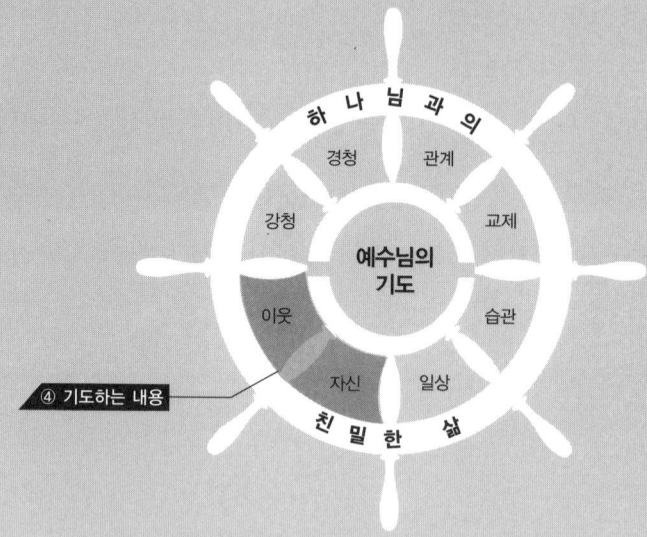

이 과의 목표

1. 기도하는 내용을 살펴봄으로 이전의 기도 생활을 돌이켜보고 앞으로 변화되어야 할 기도 생활을 새롭게 다짐합니다.
2. '기도노트'와 '기도일기'에 적은 기도 내용들을 나누며 자신만의 좋은 기도의 습관을 기르도록 합니다.

실천 과제

1. 4강을 공부하십시오.
2. 요한복음 14장 26절을 암송하십시오.
3. 이제까지 기도한 내용들과 하나님이 응답해 주신 것들이 무엇이었는지 적어보십시오.
4. 하루 50분씩 기도하십시오.

chapter 4

기도하는 내용
예수님께 맡기기

- 요한복음 14:26

보혜사 곧 아버지께서 내 이름으로 보내실 성령 그가 너희에게 모든 것을 가르치고 내가 너희에게 말한 모든 것을 생각나게 하리라

■ 하나님의 기도학교의 목표는 기도하는 것입니다. 기도가 항상 자연스럽고 즐겁게 되도록 돕는 것입니다. 이렇게 되기 위해 우리는 하.기.도 교재를 통해 기도를 배우고 있습니다. 어떤 분은 '기도를 성경공부처럼 꼭 배워야 하나, 그냥 무릎으로 엎드려서 기도하면 되지?'라고 생각할 수도 있습니다. 물론 기도하지 않고 그저 기도에 관한 지식만 쌓아가는 것은 경계해야 합니다. 하지만 우리가 지속적이면서도 효과적으로 기도하기 위해서는 배워야 합니다. 마치 건강한 신체를 가진 사람이 적당한 운동과 영양 공급을 통해 건강한 몸을 유지하듯이 말입니다.

기도에도 적절한 훈련이 필요합니다. 체력 단련을 위해 헬스클럽에 가면 신체의 불균형을 해소하기 위해 짜여진 순서에 따라 체력을 단련합니다. 아무렇게나 하지 않습니다. 이처럼 기도 훈련에도 방법이 필요합니다. 이런 순서가 없다면 우리는 아마도 기도할 때마다 "하나님 제발"이라는 말만 하게 될 것입니다. "하나님 제발 이것 좀 주세요", "하나님 제발 좀 도와주세요", "하나님 제발 이번만 숨겨 주세요", "하나님 제발 제발 제발…." 때로는 좋은 일이 있으면 감사하다고 기도하고 때로 자신이 영적으로 느껴질 때는 하나님을 찬양할 것입니다. 순서 없이 두서없이 생각나는 대로, 그때그때 내 감정과 상황에 따라 기도하는 것도 물론 다 기도입니다. 하지만 그때그때 떠오르는 자기 느낌에 치우친 기도는 위험합니다.

기도에도 균형이 필요합니다. 자신의 감정이나 상황에 의존해서 하는 기도는 하나님과의 올바른 대화로 이끌지 못하고 자신의 문제에 빠지게 만듭니다. 그러한 기도는 마음을 약해지게 하고 지속적으로 기도하지 않게 만들 수 있습니다. 그러므로 어떠한 상황 속에서도 일정한 기도의 순서를 배우고 연습하는 것이 필요합니다.

■ 나는 하나님께 기도할 때 어떻게 시작합니까? 그리고 무엇을 기도해야 합니까?

_____

_____

1 마음을 하나님께로 향합니다

1) 찬양

기도란 무엇보다 하나님과 우리의 관계를 표현해 줍니다. 우리는 창조자이시며 전능자이신 하나님을 떠나서는 존재할 수 없는 유한한 인간이라는 의식을 할 때 하나님을 높입니다. 하나님과의 관계 속에서 자신의 존재를 점차 알아 갈 때 기도는 자연스럽게 찬양과 경배로 시작하게 됩니다. 찬양할 때 우리는 지금 누구에게 말하고 있는지, 내가 누구의 임재 속으로 들어가는지, 내가 누구의 관심을 끌고 있는지 알게 됩니다.

시편 103:22

여호와의 지으심을 받고 그가 다스리시는 모든 곳에 있는 너희여 여호와를 송축하라 내 영혼아 여호와를 송축하라

하나님을 아버지라 부르며 그분께 찬양을 드릴 때 우리는 하나님과 올바른 관계를 맺을 수 있습니다. 하나님과의 바른 관계는 우리 삶의 모든 관계들이 제자리를 찾게 합니다. 하나님과의 우선적인 관계가 세워지지 못하면 사람과의 관계들이 흔들리게 됩니다. 인생에서 가장 힘든 것 중의 하나가

'관계'입니다. 사람들과 관계 맺는 것이 힘든 사람에게는 기도도 어렵게 느껴질 수 있습니다. 관계에 서툰 우리들은 하나님과의 관계도 어려워 끊임없이 대충대충 넘어가려고 합니다. 하나님과의 만남이나 대화도 뚜렷한 내용 없이 중언부언하는 의례적인 기도를 할 때가 많습니다.

이렇듯 하나님과의 친밀한 관계가 없이 우리의 문제와 시련과 필요들이 너무나 절박해서 시작하는 기도는 하나님을 향한 사랑과 존경의 마음이 담긴 대화라기보다는 내 마음의 소원 목록표일 때가 많고 내 뜻을 이루기 위한 치성을 쌓는 인위적인 행동일 수 있습니다. 그러나 기도를 시작하면서 찬양을 먼저 드리는 것은 내가 하고 싶은 기도의 속도를 늦추고 내 마음을 하나님께 집중하는 것입니다. 찬양은 기도의 호흡이 자연스럽고 편안하게 만들어주는 공기요, 기도의 강물이 마음껏 흘러가게 만들어주는 물길이라고 할 수 있습니다.

우리는 찬양을 통해 하나님이 누구이시며 그분의 성품은 어떠신지를 상기하게 됩니다. 이렇게 그분이 어떤 분인지를 찬양하다 보면 우리의 영이 부드러워지고 우리의 기도 제목도 바뀌게 됩니다. 숨이 넘어갈 듯 다급하게 아뢰려던 문제들이 좀 덜 중요하게 여겨지기도 합니다. 하나님의 위대하심에 초점을 맞추다 보면 우리의 좌절감도 사그라져 이렇게 말할 수 있게 됩니다. "하나님 아버지, 제가 당신의 존재 자체를 기뻐합니다. 이것이 제 영혼에 좋습니다." 찬양은 우리의 영혼을 깨끗이 씻어 주고, 하나님의 음성을 들을 마음의 준비를 시켜 줍니다.

■ 그렇다면 우리는 어떻게 하나님을 찬양할 수 있을까요?
_____
_____

우리는 곡조 있는 찬양으로 하나님을 찬양할 수 있고 때로는 떠오르는 하나님의 속성을 고백하며 찬양할 수 있습니다. 또 다른 방법은 하나님의 속성과 성품을 담은 성경구절이나 시편 한 편을 골라서 읽으며 하나님을 찬양할 수 있습니다.

■ 역대상 29장 11-12절 말씀을 크게 소리 내어 2~3번 읽으십시오.

여호와여 위대하심과 권능과 영광과 승리와 위엄이 다 주께 속하였사오니 천지에 있는 것이 다 주의 것이로소이다 여호와여 주권도 주께 속하였사오니 주는 높으사 만물의 머리이심이니이다 부와 귀가 주께로 말미암고 또 주는 만물의 주재가 되사 손에 권세와 능력이 있사오니 모든 사람을 크게 하심과 강하게 하심이 주의 손에 있나이다

2) 감사

하나님을 높이고 그분의 존재와 성품을 소중히 높이는 것이 찬양입니다. 찬양과 함께 동전의 양면처럼 생각할 수 있는 것이 감사입니다. 찬양이 하

나님이 누구이신가에 대해 영광을 돌리는 것이라면, 감사는 하나님께서 우리에게 행하신 일에 대해 영광을 돌리는 것입니다. 성경은 감사의 언어로 채워져 있습니다. 특히 시편은 감사의 찬송으로 가득 차 있습니다.

시편 100:4

감사함으로 그의 문에 들어가며 찬송함으로 그의 궁정에 들어가서 그에게 감사하며 그의 이름을 송축할지어다

하나님이 우리에게 주신 모든 것에 대해 하나님께 감사할 수 있습니다. 아침에 일어나 맞이하는 변함없는 자연의 섭리, 해가 뜨고 지는 것, 식탁에 차려진 먹을 것들, 한 상에 둘러앉은 가족들, 거리를 청소해 주시는 환경미화원, 버스를 운전해 주시는 기사님 등 내게 주어진 모든 환경이 감사의 노래가 될 수 있습니다. 무엇보다 우리가 구원 받아 하나님의 자녀가 된 것이 얼마나 놀라운 감사의 제목입니까? 살아오면서 만난 수많은 사람들 그리고 무수히 많은 일들 속에서 심지어 그것이 마음에 들지 않던 일조차도 하나님께 감사하는 것입니다. 감사하는 기도를 통해 하나님의 마음과 뜻을 더 깊이 알게 됩니다.

- 당신이 하나님께 감사할 수 있는 '감사의 제목'을 20개 이상 적어 보십시오. 그리고 이것에 대해 감사의 기도를 드리십시오.

스무 가지 감사의 기도

2 자신을 돌아봅니다

1) 회개

우리는 기도를 하나님께 대한 찬양과 감사로 시작해야 함을 배웠습니다. 또한 우리는 기도가 친구와 이야기하는 것처럼 하나님과 대화하는 것이라는 것을 압니다. 친구와 대화가 어려웠던 경험이 있나요? 서로간의 문제를 해결하지 않고 대화를 나누려면 둘 사이에 어색한 공기가 흐릅니다. 이미 관계가 끊어진 상태에서 나누는 대화는 때로 무의미하고 공허합니다. 그러므로 대화가 잘되려면 먼저 둘 사이에 아직 해결되지 않은 문제나 허물을 해결해야 할 필요가 있습니다. 기도도 마찬가지입니다.

■ 나와 하나님과의 관계를 깨뜨리는 것은 무엇입니까?

―――――――――――――――――――――――――――

하나님과의 관계를 깨뜨리는 것은 죄입니다. 이 죄를 먼저 해결하지 않으면 우리는 진정한 기도에 이르기 어렵습니다. 하나님은 선하시고 온전하시고 거룩하시고 흠이 없으신 분입니다. 그렇다면 대화의 어려움은 하나님이 아닌 내게 있습니다. 그렇기에 우리는 먼저 나 자신을 돌아보며 기도해야 합니다. 자신을 돌아보는 것은 자신의 죄를 회개하는 것을 의미합니다.

- 회개가 왜 중요할까요?

_____

_____

하나님께서는 죄가 해결되지 않으면 우리가 기도해도 듣지 않으시겠다고 하셨습니다. 많은 사람들이 기도의 응답을 받지 못하는 이유 중 하나가 회개에 실패했기 때문입니다.

이사야 1:15

너희가 손을 펼 때에 내가 내 눈을 너희에게서 가리고 너희가 많이 기도할지라도 내가 듣지 아니하리니 이는 너희의 손에 피가 가득함이라

- 회개는 어떻게 해야 할까요?

_____

_____

회개는 성령님과의 교통이 필수적입니다. 하나님을 찬양하며 기도 가운데 나아갈 때 종종 다른 사람의 잘못으로 판단되었던 것들이 정작 내 잘못임을 깨달을 때가 있습니다. 내 의지로 '회개'하는 것과 성령님께서 '회개의 마음을 주시는 것'은 서로 다릅니다. 기도의 좋은 습관은 먼저 성령님의 조

명을 따라 내 마음을 살피는 것입니다. 그러므로 우리는 하나님 앞에 나갈 때 하나님 외에 다른 것에 내 마음과 생각을 빼앗긴 것에 대해 회개하며 그분과의 어색한 대화를 깨뜨려야 합니다.

시편 139:23-24

하나님이여 나를 살피사 내 마음을 아시며 나를 시험하사 내 뜻을 아옵소서 내게 무슨 악한 행위가 있나 보시고 나를 영원한 길로 인도하소서

무엇보다 가장 큰 죄는 하나님을 잊어버리고 사는 것입니다. 죄는 인간과의 관계 이전에 하나님과의 관계에서 비롯되었습니다. 하나님을 잊고 살았다면 자신이 인생의 주인이 되어 살았다는 것입니다. 하나님의 뜻을 묻지 않고 내 생각과 내 마음대로 행동했던 것을 회개한 다음에 비로소 하나님과 대화가 이루어질 수 있습니다. 그런 의미에서 회개는 기도의 핵심이며, 기도의 문을 열어 주는 열쇠와도 같습니다.

2) 용서

우리는 기도 가운데 하나님과의 관계에서 죄의 문제가 해결되어야 함을 배웠습니다. 우리가 진심으로 회개할 때 하나님의 본성이 용서하는 마음이라는 것을 마음 깊이 체험하게 됩니다. 우리가 회개할 때 하나님께서 "동이 서에서 먼 것같이 우리의 죄과를 우리에게서 멀리 옮기시는 분"(시 103:12)

임을 알게 되고 여기서 진정한 용서의 의미를 배우게 됩니다. 용서받은 우리는 성령님의 인도하심 가운데 죄를 온전히 이길 수 있는 힘을 가지고 주님께 더 가까이 나아가게 됩니다.

우리는 다 상처 입은 자들입니다. 우리에게 상처를 주는 사람은 누구일까요? 대개 우리를 사랑하는 자들이고 우리가 사랑하는 사람들입니다. 거부당하고 버림받고 구박 받고 조종당하고 침해당했다고 느껴질 때 대체로 그 상대는 부모, 친구, 배우자, 연인, 자녀, 이웃, 성도, 교사, 목사 등 우리와 아주 가까운 사람들입니다. 우리를 사랑하는 이들이 우리에게 상처를 입힙니다. 이것이 인생의 비극입니다. 마음에서 우러나오는 용서가 그토록 어려운 것도 이 때문입니다. "내 곁에 있어 줄 줄 알았던 당신이 날 버리다니! 날 그런 식으로 대하다니…." 이렇게까지 마음이 상하면 이제 용서란 불가능해 보입니다.

상처 입은 자아에게 집요하게 매달리는 우리 자신의 모습을 보면 정말 기가 막힙니다. 우리는 왜 나를 해코지하거나 상처 입힌 자들을 늘 생각하는 것일까요? 나는 왜 그들에게 내 감정과 기분을 지배할 힘을 내주는 것일까요? 이러한 보이지 않는 악한 힘과 세력이 하나님과의 대화의 통로를 막습니다. 그러므로 우리는 인간관계에서 파생된 상처에 매달리지 않게 만드는 '용서'의 의미를 잘 생각해 보아야 합니다. 하나님의 본성이 용서라는 것을 아는 우리는 인간관계에서 발생된 죄와 상처의 문제도 회개를 통해 해결해야 합니다.

용서란 나와 관계를 맺는 상대방이 하나님이 아닌 것을 인정하는 마음입니다. 상대방이 하나님처럼 내 모든 필요를 채워 주지 못함을 인정하는 것이 용서의 시작입니다. 우리 마음은 늘 충만한 만족과 완전한 연합을 갈망합니다. 그러나 한계가 있는 인간은 어느 누구도 그런 갈망을 채워 주지 못합니다. 남편이든 아내든 아버지든 어머니든 형제든 자매든 자녀든 다 마찬가지입니다. 원하는 것은 많은데 받는 것은 일부분뿐입니다. 그래서 우리는 늘 상대를 용서해야 합니다. 내가 원하는 것을 다 주지 못하는 그들을 용서해야 합니다.

그러나 하나님만이 주실 수 있는 것들을 사람에게 기대하면 안 됩니다. 우리는 빈번하게 사랑이란 이름으로 다른 사람에게 더 많은 것들을 요구합니다. 하나님만이 나를 사랑하는 자라고 부르시고 그분의 무조건적인 사랑을 베푸시며 나의 깊은 갈망을 채우실 수 있는 분이라는 것을 알 때 우리가 얼마나 하나님만이 주실 수 있는 사랑을 다른 사람들에게 요구했는지 알 수 있습니다. 이렇게 하나님께서 우리에게 베푸신 그 사랑을 알 때만이 우리는 '그 반응으로' 다른 사람을 용서할 수 있습니다.

용서란 사랑이 서툰 사람들 사이에서 행해지는 또 다른 사랑의 이름입니다. 우리는 사랑에 서툴기에 용서에도 서툽니다. 남에게 상처를 주면서도 그것조차 깨닫지 못하기에 우리는 끊임없이 용서하고 용서 받아야 하는 존재입니다.

하나님의 임재 안에서 나에게 상처를 준 다른 사람을 올려 드리는 기도는 가장 어려운 기도입니다. 우리 본능에 어긋나기 때문입니다. 그러나 이러한 기도는 새로운 관계의 시작이 됩니다. 용서의 기도를 할 때 우리는 마음이 새로워지는 것을 느끼게 되고, 상대방도 나와 똑같이 하나님께 사랑 받는 연약한 인간임을 깨닫게 됩니다.

- "만일 하루에 일곱 번이라도 네게 죄를 짓고 일곱 번 네게 돌아와 내가 회개하노라 하거든 너는 용서하라 하시더라"(눅 17:4; 마 18:21-22). 이 말씀을 묵상하십시오.

때때로 우리는 내가 용서 받고 또 내가 남을 용서하는 것에 대해 강하게 저항합니다. 용서하기도, 용서를 구하기도 서툰 우리의 모습입니다. 그렇지만 우리 모두는 서로 용서하고 용서 받아야만 합니다. 마음에서 우러나오는 용서란 아주 어렵습니다. 불가능에 가깝습니다. 용서한다고 말하면서도 마음에 분노와 원한이 남아 있고, 여전히 내가 옳았다는 이야기를 하고 싶고, 여전히 상대방의 사과와 변명을 듣고 싶어 합니다. 참된 용서가 쉽지 않습니다.

그러나 하나님의 용서는 무조건적입니다. 자신을 위해 아무것도 요구하지 않는 마음, 전혀 자기를 구하지 않는 마음입니다. 일상생활에서 연습해야 하는 것이 바로 이 하나님의 용서입니다. 그러려면 용서가 현명한 방법이 아니고 실제적인 해결책이 못된다는 내 속에 있는 주장을 계속 부정하고 나 자신에 대한 칭찬과 인정에 대한 욕구를 떨쳐버려야 합니다. 내가 옳았다는 마음, 상대가 잘못해 내게 상처를 입혔다고 느껴지는 부분, 여전히 통제권을 쥐고 싶은 마음을 내려놓아야 합니다. 그리고 용서해야 할 상대와 나 사이에 몇 가지 조건을 달고 싶은 그 마음까지도 주님 앞에 드려야 합니다.

- 내가 지금 용서해야 할 사람이 있습니까? '기도일기'를 통해 주님과 나누어 보시길 바랍니다.

- 용서한 경험과 용서받은 경험이 있다면 함께 나누어 보십시오.

우리는 자백과 용서의 끊임없는 과정에서 인생을 살아갑니다. 죄의 고백이 깊어질수록 하나님의 용서의 사랑도 더 깊이 느껴집니다. 더 많은 죄의 고백과 용서는 우리로 하나님을 더 깊이 알아가게 하고 그분과의 더 깊은 대화로 인도합니다.

3 개인의 필요를 구합니다

우리는 우리의 필요에 대해서도 기도할 수 있습니다. 예수님께서 제자들에게 기도를 가르쳐주실 때 우리 자신의 필요들을 구하도록 말씀하셨습니다. 예수님은 아버지와 자녀의 관계 속에서 먼저 아버지 하나님의 나라와 뜻이 이루어지도록 기도하고, 그 다음에 우리 자신의 필요들을 구하도록 가르치셨습니다. 이는 우리의 필요가 하나님 나라의 걸림돌이 되지 않기 위함이었습니다. 하나님은 우리의 필요를 너무나 잘 알고 계십니다. 하나님은 우리의 필요들을 공급해 주기 원하시기 때문에 아무것도 염려하지 말고 기도하라고 말씀하십니다.

빌립보서 4:6

아무 것도 염려하지 말고 다만 모든 일에 기도와 간구로, 너희 구할 것을 감사함으로 하나님께 아뢰라

하나님은 우리의 간구를 기뻐하십니다. 우리가 자신을 위해 하나님께 기도하는 것을 즐거워하십니다. 왜냐하면 우리의 필요를 하나님께 구하는 것은 하나님을 아버지로 인정하고, 전능하신 하나님의 손길에 자신을 맡기고 있음을 보여 주는 것이기 때문입니다. 어떤 이는 자기 개인을 위해 기도하

는 것은 유치하고 미숙한 신앙인 것처럼 생각해서 묵상과 찬양의 기도가 더 성숙하고 고상한 기도라고 말합니다. 하지만 이것은 잘못된 생각입니다. 우리가 살아가는 동안 일상의 필요와 생활의 모든 것에 대해 구하고 기도하는 것은 매사에 하나님을 의존하고 있다는 말이고, 매일의 생활 속에서 예수님과 동행하고 싶다는 마음의 표현임을 알아야 합니다. 다만 우리의 고민은 매일의 삶 속에서 하나님께 기도해야 할 것이 너무 많다는 것과 또 무엇을 먼저 구해야 할지 그 우선순위를 정하기 어렵다는 것입니다.

■ 내가 지금 기도하고 있는 개인적인 필요는 무엇입니까?

_____

_____

1) 생활의 필요들

마태복음 6:11

오늘 우리에게 일용할 양식을 주시옵고

예수님이 가르쳐 주신 '주기도'의 절반은 간구입니다. "주시옵고", "주시옵고", "구하시옵소서." 이 세 단어는 필요한 것들을 구하는 전형적인 '기도어'입니다. 우리가 생활에서 필요로 하는 주된 것은 물질입니다. 돈을 가지고 먹을 것과 입을 것과 쓸 것을 구입합니다. 일상에서 만나는 많은 필요들의 문제를 해결하기 위해 돈이 필요합니다.

또 우리에게 건강이 필요합니다. 일을 잘하고 가족을 돌보기 위해 힘이 있고 건강하기를 기도합니다. 특히 몸이 아프거나 질병의 징후가 있을 때 우리는 몸의 건강을 위해 간절히 기도합니다. 육체의 건강뿐 아니라 우리의 정서적 필요를 위해 서로 기도할 수 있습니다. 사람들과의 관계에서 평안함을 누리며 주위의 환경과 처지 속에서 느낄 수 있는 만족과 기쁨에 대한 필요들을 위해 기도할 수 있습니다.

- 내가 생활 속에서 필요한 것들을 기도했을 때 채움을 받았던 경험이 있으면 나누어 보십시오.

_____

_____

2) 일과 직장의 필요들

우리는 생의 절반을 일터에서 살아갑니다. 일반적으로 직장에서 일하는 사람은 일주일에 40시간 넘게 일합니다. 가정주부도 아침부터 저녁까지 바쁘게 일하며 살아갑니다. 이렇게 바쁜 일상 속에서 조용히 앉아 기도하기란 쉽지 않습니다. 바쁠수록 빠르게 움직여야 더 많은 일들을 해낼 수 있다는 유혹에 기도를 잊어버립니다. 그러나 바쁠수록 바쁜 세상의 일터에서 우리의 공급자가 되신 하나님께 기도해야 합니다.

■ 지금 나의 일터에서 필요한 기도 제목은 무엇입니까?

_____

_____

디모데전서 2:2

임금들과 높은 지위에 있는 모든 사람을 위하여 하라 이는 우리가 모든 경건과 단정함으로 고요하고 평안한 생활을 하려 함이라

데살로니가전서 4:11-12

또 너희에게 명한 것 같이 조용히 자기 일을 하고 너희 손으로 일하기를 힘쓰라 이는 외인에 대하여 단정히 행하고 또한 아무 궁핍함이 없게 하려 함이라

하나님은 우리가 평안하고 복된 삶을 살기를 원하십니다. 동시에 일상의 삶에서 하나님을 위해 살기를 원하십니다. 우리가 일하면서 하나님의 복을 누리고, 우리의 일을 통해서 하나님을 높여 드리기를 원하십니다. 우리는 일터에서 만나는 수많은 불신자들에게 하나님의 복이 흘러갈 수 있도록 기도해야 하며, 우리의 삶 속에서 그러한 복의 통로로 사용되어져야 합니다.

3) 영적 성장에 대한 필요들

우리 안에 영적 갈망이 있습니다. 하나님의 말씀대로 살고 싶고, 하나님의 뜻에 순종하고 싶은 소망이 있습니다. 그런데 그게 잘 안 됩니다. 간혹 대표 기도 시간에 "마음에는 원이로되 육신이 약하여 알고 지은 죄, 모르고 지은 죄를 다 용서해 주옵시고"라는 기도를 듣게 됩니다. 무엇을 말하는 걸까요? 내 마음과 내 생활이 잘 안 맞아 스스로 괴로운 심경을 토로하고 있습니다. 마음은 알고 있는데 마음에 따라 행동하지 못하는 모순을 토로하는 것입니다. 이런 고민을 하고 갈등하면서 우리는 영적 성장에 대한 갈망을 하게 됩니다. 이 간절한 소망이 이루어지도록 기도할 때 우리는 이를 통해 영적인 성장을 하게 됩니다.

■ 에베소서 4장 13절을 찾아 적으십시오.

_____

_____

_____

우리는 하나님을 믿는 믿음과 하나님께 순종할 수 있는 능력을 위해 기도해야 합니다. 우리는 주일 설교와 큐티 말씀 묵상을 통해 혹은 성경 통독을 하거나 기도를 하면서 늘 말씀을 듣습니다. 말씀을 들을 때 우리가 할 일은 믿는 것과 아는 것을 일치시켜 믿음으로 순종하는 것입니다. 우리의 본성은 순종을 즐거워하지 않습니다. 그래서 우리는 우리의 연약함을 성령님께 도와달라고 기도해야 합니다.

성령님은 인격이시기 때문에 내가 원하지 않으면 억지로 역사하시지 않습니다. 어둠의 영들이 역사할 수 있는 발판은 죄를 지은 사람이 제공하는 것입니다. 혹 자녀들이 어둠에 빠졌거나 잘못을 저질렀을 때 환경을 탓하고 남을 탓하면서 "시간이 지나면 해결되겠지" 하는 부모들이 있습니다. 이것은 옳지 않은 태도입니다. 사탄은 내가 거절하고 대적하면 나에게 어떠한 일도 할 수 없는 존재입니다. 우리의 믿음이 견고해져서 어둠과 사탄의 유혹에 "NO!" 할 수 있는 영적 성장을 위해 기도해야 합니다. 사탄에게 발판을 내어 주든, 말씀의 순종을 결정하든 모두 내가 하는 것입니다. 그러므로 우리는 말씀에 곧바로 순종할 수 있는 믿음의 장성한 분량까지 자라도록 기도해야 합니다.

4) 사랑하는 마음을 위한 필요들

어느 날 한 율법사가 예수님을 시험하려고 '가장 큰 계명'에 대해 물었을 때 예수님은 다음과 같이 대답하셨습니다.

마태복음 22:37-40

예수께서 이르시되 네 마음을 다하고 목숨을 다하고 뜻을 다하여 주 너의 하나님을 사랑하라 하셨으니 이것이 크고 첫째 되는 계명이요 둘째도 그와 같으니 네 이웃을 네 자신 같

이 사랑하라 하셨으니 이 두 계명이 온 율법과 선지자의 강령이니라

예수님을 믿는 우리에게 가장 큰 계명은 하나님 사랑과 이웃 사랑입니다. 그러므로 우리 자신을 위한 기도 중에 가장 큰 기도제목은 하나님을 사랑하고 이웃을 사랑할 수 있는 마음을 달라고 구하는 것입니다. 우리가 그렇게 기도할 때 하나님의 사랑이 우리 안에 부은 바 되어 우리 영혼의 필요와 갈증이 채워지고, 우리 주변에 있는 모든 사람과 환경에 대해 사랑하는 마음이 더욱 생깁니다.

이렇게 하나님 사랑과 이웃 사랑은 연결되어 있습니다. 지금 우리는 사랑을 행하지도 않고 또한 사랑을 할 수 없는 사람 때문에 힘들 수도 있습니다. 이로 인해 너무 고통스러워하지 마십시오. 다만 기도하십시오. 우리가 기도하기로 선택하는 것은 하나님을 사랑하는 믿음의 표현입니다.

- **형제, 자매를 사랑하는 마음을 구하는 기도는 누가 해야 합니까?**

  _____

  _____

사랑의 마음을 구하는 기도는 우리 자신이 해야 합니다. 물론 사랑은 한 번의 기도나 고백으로 완성될 수 없습니다. 우리의 일생을 통해서 다 알 수

도 다 이룰 수도 없습니다. 최선을 다한다 해도 돌아보면 늘 부족함을 느끼는 것이 우리의 사랑이고, 우리는 늘 사랑의 한계를 경험합니다. 그렇기에 우리는 사랑을 위해 기도하지 않을 수 없습니다. 우리가 사는 동안에 늘 있어야 할 가장 큰 기도는 사랑의 마음입니다.

에베소서 3:17-19

믿음으로 말미암아 그리스도께서 너희 마음에 계시게 하시옵고 너희가 사랑 가운데서 뿌리가 박히고 터가 굳어져서 능히 모든 성도와 함께 지식에 넘치는 그리스도의 사랑을 알고 그 너비와 길이와 높이와 깊이가 어떠함을 깨달아 하나님의 모든 충만하신 것으로 너희에게 충만하게 하시기를 구하노라

4 성령님의 인도하심을 찾습니다

성령님에 대한 이해가 부족하면 성령님의 도움을 신비적인 차원으로만 한정 짓기 쉽습니다.

성령님은 내 안에 오셔서 내가 하나님의 자녀인 것을 친히 증거해 주십니다. 하나님과의 친밀한 기도를 위해서는 성령님의 도움이 필요합니다. 성령님은 그리스도의 영이시며 진리의 영으로 예수 그리스도를 증거하시고, 우리에게 모든 것을 생각나도록 알려 주십니다. 특히 성령님은 우리 안에 계셔서 우리의 기도를 도와주시고 우리로 하여금 기도하게 하십니다.

<u>요한복음 14:26</u>

보혜사 곧 아버지께서 내 이름으로 보내실 성령 그가 너희에게 모든 것을 가르치고 내가 너희에게 말한 모든 것을 생각나게 하리라

■ 이 구절을 여러 번 읽고 외우십시오. 이번 과의 **암송 구절**입니다.

그러나 성령님은 홀로 역사하시는 것이 아니라 우리의 믿음의 반응에 따라 역사하십니다. 일상생활에서 늘 "성령님 도와주세요", "성령님 무엇을

할까요", "성령님 어떻게 할까요" 라고 성령님께 의뢰할 때 성령님은 우리 안에서 그 모든 것에 대해 그분의 능력을 베풀어 주십니다. 믿음은 성령의 역사를 일으키는 열쇠입니다. 믿음의 분량은 조금씩 다를지라도 성령님을 의지하고 믿고 나가면 우리 안에 성령님의 거룩한 영향력이 나타납니다.

 우리는 날마다 거룩한 성령님의 영향력의 통로가 되도록 하나님의 임재가 있는 곳에 머물러야 합니다. 그래서 성령님이 우리를 순전하게 만들고, 하나님의 말씀이 우리를 능력 있게 사용하시도록 해야 합니다.

5 이웃을 위해 중보합니다

이웃을 위한 기도를 중보라고 합니다. '중보'는 개인적인 필요가 아닌 다른 사람들의 필요를 위해 기도하는 것입니다. 즉 두 사람 사이에서 일이 성사되도록 도와주는 것을 말합니다. 이제까지 살펴본 대로 우리는 많은 기도의 내용들을 가지고 기도합니다. 앞에서 살펴본 기도 내용들은 마음을 하나님께로 향하는 기도, 자신을 돌아보는 기도, 개인의 필요를 위한 기도, 성령님의 인도하심을 구하는 기도였습니다. 이 네 가지는 우리 자신을 위한 기도였습니다.

그러나 이제 앞으로 배우게 될 세 가지 기도, 이웃을 위한 기도, 교회를 위한 기도, 하나님의 나라를 위한 기도는 중보기도입니다. 기도의 제목들을 보면서 기도해야 할 내용이 너무 많다고 생각할지도 모르겠습니다. 하지만 이 모든 것들에 하나님의 은혜와 도움이 필요합니다. 우리가 기도하면 하나님은 도와주십니다.

■ 지금 내가 중보기도하고 있는 이웃은 누구입니까?

_____

_____

우리가 기도해야 할 이웃은 1) 배우자 2) 가족 3) 친척 4) 친구 5) 지역사회 6) 나라 7) 북한 8) 선교사 9) 구원 받아야 할 모든 사람 10) 원수 등을 말합니다. 중보란 하나님과 이웃 사이에서 예수님의 사랑으로 예수님의 이름으로 하나님께 나가는 것입니다. 중보기도는 하나님을 사랑하고 이웃을 사랑하라는 예수님의 말씀을 가장 잘 실천할 수 있는 방법입니다.

하나님은 우리에게 필요한 모든 것을 주신 분이십니다. 그런데 만약 우리가 받은 많은 것을 우리 자신만을 위해 사용한다면 그것은 극히 이기적인 모습입니다. 하나님은 우리가 가진 것들을 통해 하나님 아버지의 선하심과 인자하심을 드러내길 원하십니다. 그런데 기도에서까지 이기적이 될 수 있다는 것을 생각해 본 적이 있습니까? 남을 위해 기도하는 것에 게으르거나 인색하다면 기도에 이기적인 사람입니다. 하나님은 우리를 위해 준비해 주신 그분의 은혜와 사랑이 기도를 통해 다른 사람들과도 나누어지기를 원하십니다.

결혼한 사람이라면, **배우자**를 위해 기도하십시오. 배우자와 영적으로 하나 되기를 위해 기도하십시오. 결혼을 앞둔 분이라면 하나님이 예비하신 배우자를 위해 기도하십시오. 자신이 먼저 좋은 배우자가 되도록 기도하십시오. 또한 **자녀**가 있다면 당신에게 주신 하나님의 선물이자 당신에게 양육을 맡긴 자녀들이 경건한 믿음의 후손이 되고 세상에서 바른 길을 찾도록 기도하십시오. 그리고 **부모님**을 위해 기도해야 합니다. 부모님에 대해 하나님께 감사하십시오. 언젠가 우리도 그들처럼 나이가 들 것입니다. 그러면 그들이 우리에게 얼마나 많은 것을 주었는지 이해하게 될 것입니다. 그들의 영적 생활에 대해 기도하십시오. 또한 그들을 돕기 위해 내가 무엇을 할 수 있는지 하나님께 여쭤 보십시오.

우리는 하나님께서 마음에 생각나게 하시는 **다른 친척들**을 위해 기도할 수 있습니다. 형제나 자매, 그리고 삼촌이나 고모, 이모, 조카, 손주들을 위해 기도하십시오. 친척들을 생각할 때 하나님께서 특별히 기도가 필요한 사람을 생각나게 하실 것입니다. 친척들 가운데는 아픈 사람도 있고, 가정 문제를 가지고 있는 사람도 있으며, 하나님께 순종하기를 거절하는 사람들도 있습니다. 특별히 이런 사람들을 위해 기도하십시오.

우리는 세상을 살아가면서 학교와 직장, 일터에서 친구와 동료, 상사를 만나게 됩니다. 이들을 위해 기도하십시오. 마태복음 5장 13-14절에 예수님은 우리를 향해서 "너희는 세상의 소금이니… 너희는 세상의 빛이라"고 말씀하셨습니다. 세상에서 소금과 빛의 사명을 감당할 수 있는 첫걸음은 바로 세상에서 만난 **친구들**을 위해 기도하는 것입니다. 좋은 영적인 친구는 우리의 믿음 생활뿐 아니라 철이 철을 날카롭게 하듯이 서로의 얼굴을 빛나게 만들어 줍니다.

지역 사회를 위해 기도해야 합니다. 요즘 우리 사회는 이웃과 가까이 지내는 것이 점점 어려워지고 있습니다. 하지만 우리가 살고 있는 지역 사회와 이웃을 위해 기도하는 일은 우리 동네와 사회를 건강하게 지켜 내는 보이지 않는 힘이 될 것입니다. 이웃 중에 있는 믿음의 가정들을 위해 서로 기도하고, 믿지 않는 가정과 이웃을 위해 선한 마음으로 기도하십시오. 지역 사회 단체와 민간단체들이 하나님의 뜻을 이루는 도구로 쓰일 수 있도록 기도해야 합니다.

나라를 위해 기도해야 합니다. 특히 우리는 나라의 지도자들을 위해 기도할 수 있습니다. 그들은 종종 아주 어려운 문제들을 해결해야 합니다. 나라의 지도자들 중에는 그리스도인이 아닌 사람들도 많습니다. 그들에게도 하나님이 필요합니다. 나라를 위해 기도할 때 자신과 직간접으로 연관되어 있는 분야를 위해 기도하는 것이 유익합니다. 예를 들어 만약 당신이 교사라면 나라의 교육 정책과 교사, 학생, 다음 세대 등을 위해 집중적으로 기도한다면 더 효과적이고 구체적인 기도를 드릴 수 있습니다.

우리에게는 특별한 이웃, 북한이 있습니다. 우리는 **북한**을 위해 기도해야 합니다. 북한은 우리의 가장 가까운 선교지이자 가장 알아듣기 쉬운 말을 사용하고 있는 같은 민족입니다. 그러나 안타깝게도 휴전선을 사이에 두고 가장 신뢰하지 못하는 나라입니다. 앞으로 이루어질 통일 KOREA를 위해서 북한을 위해 기도하는 사명은 우리에게 주신 하나님의 특별한 부르심입니다.

그리고 온 세상 열방을 위해 선교하는 전방 **선교사**들을 위해 기도해야 합니다. 교회마다 파송하고 섬기는 선교사들이 있습니다. 이들에게 기도는 절대적입니다. 후방에서의 중보기도가 없다면 이들의 전력은 무력입니다. 그리고 동시에 선교지를 다니며 그 땅의 사람들을 위해 기도해야 합니다. 여호수아에게 주셨던 "너희 발바닥으로 밟는 곳은 모두 내가 너희에게 주었노니"(수1:3)라는 말씀처럼 우리가 선교사들을 위해 선교지를 다니며 함께 기도하는 사역이야말로 그 나라와 지역에 성령님이 일하시도록 하늘 문을 열리게 하는 능력이 됩니다.

우리는 **모든 사람들**을 위해 기도해야 합니다. 우리는 구원이 필요한 모든 사람들이 돌아오기까지 기도하기를 쉬지 말아야 합니다. 기도 중에 하나님이 특별한 사람이나 이름이나 일들을 생각나게 하실 때에 그것을 기도일기에 적고 계속 기도해야 합니다. 하나님이 그들을 위해 깨어 기도하기를 원하십니다.

이사야 62:6-7

예루살렘이여 내가 너의 성벽 위에 파수꾼을 세우고 그들로 하여금 주야로 계속 잠잠하지 않게 하였느니라 너희 여호와로 기억하시게 하는 자들아 너희는 쉬지 말며 또 여호와께서 예루살렘을 세워 세상에서 찬송을 받게 하시기까지 그로 쉬지 못하시게 하라 이제 가장 어려운 기도가 남았습니다. **원수들**을 위해 기도하는 것입니다. 살면서 원수가 없는 게 제일 좋지만 원치 않게 서로 등을 지게 되거나, 서로의 마음이 깨져 미움과 적의로 가득 찰 때가 있습니다. 이들을 위해 예수님은 마태복음 5장 44절에서 "나는 너희에게 이르노니 너희 원수를 사랑하며 너희를 박해하는 자를 위하여 기도하라"고 말씀하셨습니다. 참 어려운 일입니다. 사람의 이성과 감정으로는 할 수 없는 일입니다. 하나님의 도움이 없이는 안 되는 일이기에 엎드려 기도할 수밖에 없습니다. 그래서 기도하라고 말씀하신 것입니다. 우리는 기도하면서 내게 필요했던 주님의 사랑과 용서가 그들에게도 필요하다는 것을 깨닫게 되고 내 마음을 막고 있는 편견과 장애들이 허물어져 가는 것을 느끼며 우리 마음 속에서 참된 자유와 평강을 누리게 됩니다.

6 교회를 위해 부르짖습니다

고린도전서 12:26

만일 한 지체가 고통을 받으면 모든 지체가 함께 고통을 받고 한 지체가 영광을 얻으면 모든 지체가 함께 즐거워하느니라

교회는 서로 지체가 되어 한 몸을 이루는 공동체입니다. 즐거워하는 자들과 함께 즐거워하고 우는 자들과 함께 우는 사람들이 모인 곳이 교회입니다. 이렇게 함께 모여 떡을 떼며 기도하기 원하는 사람들에게 언제든지 열려 있는 곳이 교회입니다. 하나님은 이 교회가 만민이 기도하는 집이 될 것이라고 말씀하셨습니다.

이사야 56:7

내가 곧 그들을 나의 성산으로 인도하여 기도하는 내 집에서 그들을 기쁘게 할 것이며 그들의 번제와 희생을 나의 제단에서 기꺼이 받게 되리니 이는 내 집은 만민이 기도하는 집이라 일컬음이 될 것임이라

교회는 언제든지 기도하기 원하는 사람들에게 문이 열려져 있는 '기도하

는 집'입니다. 기도는 종종 지극히 개인적인 일처럼 여겨지지만, 기도하는 공동체를 떠나서는 개인적인 기도 생활을 지속적으로 지탱해 가기가 어렵습니다. 혼자 타는 나무는 쉽게 꺼지지만 함께 타는 장작불은 더욱 오래 지속되는 것처럼 혼자 기도하는 시간을 가지지만 함께하는 공동체 성도들의 기도로 인해 우리의 기도 생활은 더욱 힘을 얻게 됩니다. 그래서 교회 공동체에 속한 우리는 서로 서로를 위해 기도해야 합니다.

에베소서 6:18

모든 기도와 간구를 하되 항상 성령 안에서 기도하고 이를 위하여 깨어 구하기를 항상 힘쓰며 여러 성도를 위하여 구하라

■ 나는 교회를 위해 기도하고 있습니까? 기도한다면 무엇을 위해 기도하십니까?

_____

_____

우리는 먼저 여러 성도들을 위해 기도해야 합니다. 이 짧은 에베소서 말씀한 구절에 "기도", "간구", "성령 안에서 기도", "깨어 구하기", "구하라"고 여러 번 기도에 대해 강조하고 있습니다. 우리가 기도해야 할 사람은 여러 성도들입니다. 여기서 성도들이란 그리스도의 몸 안에서 함께 지체가 된 형제 자매들입니다. 우리는 서로의 기도를 필요로 하며 서로를 생각하고 사랑

가운데 기도할 때 하나가 됩니다. 특히 서로 지체된 형제, 자매의 약함과 아픔과 고통을 내 것처럼 느끼며 서로 기도할 때 우리는 '기도하는 집'으로서 교회를 이루어가게 됩니다.

로마서 15:1

믿음이 강한 우리는 마땅히 믿음이 약한 자의 약점을 담당하고 자기를 기쁘게 하지 아니할 것이라

- 교회에서 나의 기도가 필요한 연약한 지체들이 떠오르십니까? 그들의 이름을 적고 함께 기도하시길 바랍니다.

_____

_____

우리는 아마 병중에 있는 사람이나, 우울증이나 실의에 빠져 낙심해 있는 사람, 가족 간의 심각한 갈등으로 연약해진 사람, 물질적인 문제로 어려움에 처한 사람, 영적인 시험에 들어 있는 사람이 떠올랐을 것입니다. 그들의 이름을 부르며 기도할 때에 하나님은 그분의 약속과 위로 그리고 응답을 기도하는 우리에게 주십니다. 그럼 그 마음을 기도일기에 적고 때가 되면 서로 함께 나눌 수도 있습니다. 누구보다 성도들이 서로 마음을 모아 겸손히 하나님의 도움과 뜻을 구하면 하나님은 합심해서 기도하는 공동체 즉 교회

의 기도에 속히 응답해 주십니다.

마태복음 18:19

진실로 다시 너희에게 이르노니 너희 중의 두 사람이 땅에서 합심하여 무엇이든지 구하면 하늘에 계신 내 아버지께서 그들을 위하여 이루게 하시리라

서로 마음을 합하여 드리는 합심기도의 능력이 바로 교회의 기도입니다. 교회가 마음을 모아 기도드릴 때 하나님의 마음도 함께하십니다. 교회에서 함께 모여 기도할 때마다 꼭 기억해야 하는 기도는 교회 공동체를 섬기는 영적 지도자들을 위한 기도입니다. 사탄은 하나되게 하기보다는 분리되게 합니다. 성도들의 마음을 교회로부터 영적 지도자들로부터 떠나게 함으로써 공동체 생활을 게을리하고 하나님께 교회의 기도를 못 드리게 만듭니다.

물론 교회의 지도자가 자신의 부덕과 부도덕으로 인해 존경받지 못할 수도 있습니다. 때로는 지도자의 생각과 행동 방식에 동의하지 않거나 서로 의견이 다를 수도 있습니다. 그래서 교회 지도자들을 위해 기도하기보다는 반대로 지도자들의 약점과 허물을 들추어 비난거리로 삼을 수 있습니다. 이러한 일들은 성숙한 그리스도인이 취하는 태도가 아닙니다. 교회 지도자들의 약함으로 인해 생겨나는 어려운 일들이 있다고 해도 모든 일을 기도로 해결하고자 하는 마음이 중요합니다. 교회의 영적 지도자들은 하나님의 말씀을 전하며 성례전을 거행하며 성도들을 돌아보아 그리스도의 몸인 교회를 세

우는 매우 중요한 사역을 감당하고 있습니다. 그것은 사람의 힘으로 하기엔 버겁고 힘든 일입니다. 그래서 이들을 위한 기도가 필요합니다. 만약 우리가 기도하지 않는다면 교회 지도자들은 더욱 더 어려움과 힘든 일을 겪게 되고 이 모든 무거운 짐은 그리스도의 몸인 교회가 담당하게 됩니다. 그래서 우리는 늘 깨어 교회 지도자들을 위해 기도해야 합니다.

골로새서 4:2-3

기도를 계속하고 기도에 감사함으로 깨어 있으라 또한 우리를 위하여 기도하되 하나님이 전도할 문을 우리에게 열어 주사 그리스도의 비밀을 말하게 하시기를 구하라 내가 이 일 때문에 매임을 당하였노라

사도 바울이 그리스도인 형제자매들에게 자신을 위해 해주기를 바랐던 것은 다름아닌 기도였습니다. 바울은 골로새 성도들에게 자신을 위해 기도해 줄 것을 당부했습니다. 바울이 부탁한 기도는 그가 감옥에서 풀려나는 현실적인 문제를 해결해 달라는 것이 아니었습니다. 그는 예수의 복음을 전할 수 있도록 기도해 주기를 원했습니다. 복음을 증거하는 일에 협력자요 동반자로 함께 일하는 것도 중요하지만 그들을 위해 합심으로 기도하는 것은 교회가 감당해야 할 중요한 사역입니다. 이처럼 성도들이 마음을 모아 교회와 교회의 지도자들을 위해 기도할 때 그리스도의 몸 전체가 성숙한 공동체로 자라게 됩니다.

7 하나님 나라를 선포합니다

이제까지 우리는 보이는 필요들을 위한 기도의 내용들을 생각했습니다. 이 기도는 땅에서 하늘로 올라가는 기도입니다. 찬양과 감사의 기도를 드리고, 생활의 필요들을 요청하고, 다른 사람들의 필요를 위한 중보의 기도를 올려 드리고, 지상에 세워진 그리스도의 몸인 교회와 교회 지도자들을 위한 기도 내용들을 다루었습니다. 이 모든 땅의 문제들 가운데 하나님의 뜻이 이루어지기를 기도한 것입니다. 그러나 하나님 나라를 선포하는 기도는 땅의 문제를 하늘로 올려 드리는 기도가 아니라 하늘에 있는 자원을 땅으로 내려오게 만드는 기도입니다. 윌리엄 로(William Law)는 기도를 '강력한 도구'라고 하면서 "인간의 뜻이 하늘에서 이루어지게 하는 도구가 아니라 하나님의 뜻이 땅에서 이루어지게 하는 도구"라고 했습니다.

■ 왜 우리에게 하늘에 있는 자원이 필요합니까?

에베소서 6:12

우리의 씨름은 혈과 육을 상대하는 것이 아니요 통치자들과 권세들과 이 어둠의 세상 주관자들과 하늘에 있는 악의 영들을 상대함이라

우리에게 하늘에 있는 자원이 필요한 것은 우리가 보이지 않는 영적인 싸움을 싸우고 있기 때문입니다. 이 싸움은 세상에 있는 어떤 대상이나 사람들에 대한 것이 아니고 그 배후 세력인 하나님 나라에서 쫓겨난 보이지 아니하는 영적 세력인 사탄과의 싸움입니다. 바울이 이 말을 하면서 '혈과 육이 중요하지 않다'고 말한 것이 아니라 우리가 생각하는 현실적인 싸움보다 훨씬 더 심각하다는 것을 말하고 있습니다. 보이는 현실적인 필요들을 채우는 것만으로는 이 싸움을 이길 수가 없습니다. 보이지 않는 악한 영적 세력인 사탄과 싸워야 하기 때문에 하늘에 있는 영적 자원의 도움을 받아야 합니다.

기도는 하늘의 영적 자원과 잇대어진 보급로입니다. 우리가 기도하는 한, 어둠의 세력과 악한 영들과 사탄에 대하여 이길 수 있습니다. 그들의 거짓과 속임에 넘어가지 않을 수 있습니다. 하늘로부터 도움을 받는 사람은 사탄의 계책과 속임을 알아차리고 그들을 단번에 물리칠 수 있습니다.

고린도후서 2:11

이는 우리로 사탄에게 속지 않게 하려 함이라 우리는 그 계책을 알지 못하는 바가 아니로라

이런 점에서 기도는 여유 있는 시간에 한가로이 해도 되고 안 해도 되는 일이 아닙니다. 삶과 죽음, 구원과 심판, 지옥과 천국, 영생과 영벌 등의 갈림길에서 싸워 이겨야 하는 영적인 전쟁입니다. 그래서 오 할레스비는 "은밀한 기도의 방은 피 흘리는 전쟁터다. 바로 여기서 격렬하고 결정적인 전투가 수행된다"고 했습니다. 하나님은 우리가 기도함으로 이 전쟁에서 승리하길 원하십니다. 아울러 하나님은 우리가 기도함으로 피 흘리며 싸우고 있는 믿음의 동역자들과 사랑하는 가족들과 하나님의 형상과 모양으로 지은 사람들을 구원해 내길 원하십니다.

주님과 하나 되게

오 자비로우신 예수님,

저에게 은혜를 주시어 늘 은혜 안에 살며

그 안에서 일하고 죽을 때까지 그 안에 살게 하소서.

저에게 은혜를 주시어 주님 보시기에 가장 받으실 만하고

가장 즐거워할 만한 것들을 바라고 추구하게 하소서.

주님의 뜻이 제 뜻이 되게 하시고

제 뜻이 영원히 주님의 뜻과 일치하여

그 뜻을 이루게 하소서.

주님과 저 사이에는 오직 하나의 의지

즉 주께서 사랑하시는 것을 사랑하고 주께서 미워하시는 것을

멀리하려는 의지만이 있게 하소서.

저로 하여금 주께서 뜻하지 않으신 것은 그 무엇도 할 수 없게 하시고

주께서 원하시는 것은 그 무엇이라도 싫어하지 않게 하소서.

_토마스 아 켐피스(Thomas a Kempis, 1379-1471, 네덜란드 신학자, 《그리스도를 본받아》의 저자)

자료 출처: 《사귐의 기도를 위한 기도선집》(김영봉 엮음), p.380.

기도일기

20   년   월   일

말씀과 묵상

오늘의 기도

나눔과 적용

기도일기

20   년   월   일

말씀과 묵상

오늘의 기도

나눔과 적용

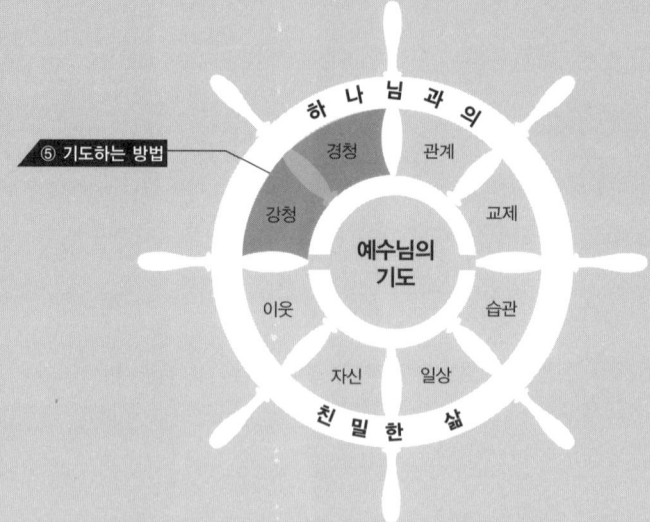

이 과의 목표

1. 기도의 다양한 방법들을 이해하고 실제로 실습합니다.
2. 이제까지 익숙하지 않았던 기도 방법들을 직접 훈련함으로 예수님과 동행하는 생활의 즐거움과 유익을 경험하도록 합니다.

실천 과제

1. 5강을 공부하십시오.
2. 로마서 8장 26-27절을 암송하십시오.
3. 교재에서 제시하는 '말씀묵상기도' 방법으로 인도자가 제시하는 본문으로 '나의 기도'를 적어보십시오.
4. 〈하.기.도〉 과정을 통해 새롭게 배우고 깨닫게 된 사실과 내 삶에 주신 변화에 대해 간증문을 준비하십시오.(A4 용지 1면 이상)
5. 하루 60분씩 기도하십시오.

chapter 5

기도하는 방법
예수님 안에 거하기

- 로마서 8:26-27

이와 같이 성령도 우리의 연약함을 도우시나니 우리는 마땅히 기도할 바를 알지 못하나 오직 성령이 말할 수 없는 탄식으로 우리를 위하여 친히 간구하시느니라 마음을 살피시는 이가 성령의 생각을 아시나니 이는 성령이 하나님의 뜻대로 성도를 위하여 간구하심이니라

■ 우리는 지난 과에서 마음을 하나님께로 향하는 기도, 자신을 돌아보는 기도, 개인의 필요를 구하는 기도, 성령님의 인도하심을 찾는 기도, 이웃을 위해 중보하는 기도, 교회를 위해 부르짖는 기도 그리고 하나님 나라를 선포하는 기도를 배웠습니다. 기도해야 할 내용들이 참 많습니다. 이 많은 기도의 내용들은 우리 마음에 부담을 주지만 이 모든 것들은 우리가 반드시 행해야 하는 율법의 의무들이 아니고 늘 나와 대화하기를 원하시는 하나님의 마음이 담겨 있는 내용들입니다. 우리가 어떻게 기도할 때 이 하나님의 마음과 더 잘 소통할 수 있을까요? 이번 과에서는 하나님과의 대화 방법들에 대해 알아봅시다.

1 강청기도
담대히 구합니다

하나님과 대화하는 첫 번째 방법은 강청기도입니다. 강청기도는 하나님께 담대하게 구하는 기도입니다. 하나님은 기도하는 사람이 담대하길 원하십니다. 그런데 우리가 하나님 앞에 담대하게 나가지 못하는 이유는 무엇일까요? 하나님이 너무나 크고 거룩하신 분이시기에 우리는 그분 앞에 나가는 것이 두렵게 느껴집니다. 나의 지극히 개인적이고 사소한 문제를 가지고 하나님께 구하는 것이 옳지 않은 일처럼 느껴지고, '나는 너무나 연약하고 보잘것없어'라는 열등감과 '말씀대로 온전히 살지도 못했는데' 하는 스스로 정죄하는 죄의식으로 하나님 앞에 담대히 나가지 못합니다. 그러나 내가 떳떳하고 당당해야지만 하나님 앞에 나갈 수 있다는 마음은 우리로 하여금 전적인 하나님의 은혜를 구하지 못하게 만듭니다.

이사야 43:25

나 곧 나는 나를 위하여 네 허물을 도말하는 자니 네 죄를 기억하지 아니하리라

왜 하나님은 나의 죄를 지워 버리겠다고 하십니까? 하나님 자신을 위해서라고 말씀하십니다. 그래야 하나님께서 그의 자녀 된 우리와 소통하실 수

있으며 우리에게 복을 주실 수 있기 때문입니다. 하나님께서 우리 죄를 도 말하시고 우리의 잘못을 기억조차 하시지 않는다는 이 사실을 알고 인정할 때 우리는 믿음으로 담대하게 하나님 앞에 나갈 수 있습니다. 이제 우리는 죄의식을 버리고 아들 의식을 가지고 나가야 합니다.

로마서 8:14

무릇 하나님의 영으로 인도함을 받는 사람은 곧 하나님의 아들이라

시편 2:7-8

내가 여호와의 명령을 전하노라 여호와께서 내게 이르시되 너는 내 아들이라 오늘 내가 너를 낳았도다 내게 구하라 내가 이방 나라를 네 유업으로 주리니 네 소유가 땅 끝까지 이르리로다

아들에게 주시는 하나님의 약속입니다. 하나님이 우리를 낳으셨기에 우리 안에는 아버지의 형상과 모양이 있습니다. 우리는 하나님을 닮은 그분의 사랑을 입은 자녀입니다. 하나님은 그의 자녀가 당당하게 하나님께 나아와 구할 것을 바라십니다.

에베소서 3:11-12

곧 영원부터 우리 주 그리스도 예수 안에서 예정하신 뜻대로 하신 것이라 우리가 그 안에

서 그를 믿음으로 말미암아 담대함과 확신을 가지고 하나님께 나아감을 얻느니라

하나님의 자녀 된 우리는 담대함과 확신을 가지고 하나님께 나가야 합니다. 우리가 담대할 수 있는 것은 '우리 주 그리스도 예수 안에서'입니다. 예수 그리스도 안에서 우리는 그와 함께 공동 언약을 가진 하늘의 상속자가 되었습니다. "자녀이면 또한 상속자 곧 하나님의 상속자요 그리스도와 함께한 상속자니"(롬 8:17). 하늘 나라의 유업과 온 세상의 기업에 대한 합법적 권리를 소유하게 되었습니다. 이것은 복음의 권리요 예수 그리스도를 믿음으로 물려받은 자녀의 권리입니다.

■ **누가복음 11장 5-10절 말씀을 읽고, 우리가 하나님께 어떻게 기도해야 하는지를 적어 보십시오.**

우리는 하나님께 간청함으로 기도해야 합니다. 여기 '간청한다'는 헬라어는 '예의가 없다' '수치를 모른다'는 뜻을 가지고 있습니다. 즉 '간청한다'는 것은 마치 어린 아이가 아버지를 신뢰하기에 예의를 차리지 않고 자기의 요구를 끈질기게 구하는 것을 말합니다. 이 비유를 통해 하나님은 수치를 무릅쓰고 밤중에 친구의 집 대문을 두드리는 간절한 마음으로 기도하라고 말

씀하십니다.

우리는 어떻게 기도하고 있습니까? 간절한 마음으로, 온 마음으로 그분을 찾아야 합니다. 우리는 기도하지만 간절함으로 하지 않을 때가 많습니다. 때로 입술로만 기도하고 생각과 마음은 전혀 다른 세계를 여행합니다. 자신이 말하는 것이 무엇인지 의식하지도 못한 채로 소리 내어 기도하는 인도자를 따라 그저 중언부언 기도할 때도 있습니다. 이런 기도에 대해 예수님께서는 이방인들처럼 중언부언하지 말라(마 6:7)고 하시고 대신 '구하라 찾으라 두드리라'고 말씀하셨습니다. 이는 담대함으로, 간절함으로, 전심으로 하나님께 부르짖으면 그 마음의 강청함을 보시고 우리를 불쌍히 여기시어 그 기도를 들으시겠다는 것입니다.

강청기도란 무조건 큰 목소리로 부르짖는 기도가 아닙니다. 진심으로 마음을 다해 드리는 기도입니다. 진심으로 드리는 기도는 하나님의 주권을 인정하고 자신의 연약함을 그대로 드리는 것입니다. 부끄럽지만 내가 할 수 있는 게 아무것도 없다는 것을 인정하고 하나님을 의지하지 않고서는 살아갈 수 없는 존재임을 고백하고 나가는 기도입니다. 이런 기도의 모습을 수로보니게 여인의 기도에서 배울 수 있습니다(막 7:24-30).

마가복음 7:28

여자가 대답하여 이르되 주여 옳소이다마는 상 아래 개들도 아이들이 먹던 부스러기를 먹나이다 이방인이었던 수로보니게 여인이 더러운 귀신 들린 어린 딸을 향해 드린 기도는 강청기도입니다. 하나님 앞에서 처절할 정도로 약한 모습을 인정하는 겸손이 하늘 문을 열었습니다. 여인의 진실로부터 흘러나온 필사적인 태도가 예수님의 마음을 감동케 했습니다. 우리는 자신이 타락한 피조물, 부패한 본성을 가진 질그릇처럼 깨어지기 쉬운 약한 존재라는 사실을 잊으려고 애쓰며 살아갑니다. 나는 최소한 내 옆에 있는 사람보다는 선하다고, 그보다는 훨씬 낫다고 스스로를 달래며 지내려고 합니다. 하지만 기도는 우리로 하여금 우리 자신의 실존을 돌아보게 하고, 하나님 앞에서 무력한 자신의 처지를 깨닫게 합니다. 진실한 기도는 자신의 흉허물을 그대로 드러내므로 더 이상 숨길 것도, 버틸 여지도 없게 합니다. 하나님 앞에서는 아무것도 감출 것이 없음을 인정하고, 혼신의 힘을 다해 하나님께 붙어 있지 않고서는 살아갈 수 없음을 고백하는 것이 강청기도입니다.

히브리서 10:35

그러므로 너희 담대함을 버리지 말라 이것이 큰 상을 얻게 하느니라

2 영으로 드리는 기도
말할 수 없는 탄식으로 기도합니다

성령님은 우리가 기도할 때 도와주시는 분입니다. 성령님을 뜻하는 헬라어 '파라클레토스'는 위로자(comforter) 상담자(counselor) 등으로 번역되는데 문자적으로 풀이하면 '돕기 위해 옆에 부름 받은 분'입니다. 성령님은 성도들이 할 일을 대신하기 위해 보내심을 받은 것이 아니라, 성도들이 하는 일을 도와주려고 오신 것입니다.

<u>로마서 8:26-27</u>

이와 같이 성령도 우리의 연약함을 도우시나니 우리는 마땅히 기도할 바를 알지 못하나 오직 성령이 말할 수 없는 탄식으로 우리를 위하여 친히 간구하시느니라 마음을 살피시는 이가 성령의 생각을 아시나니 이는 성령이 하나님의 뜻대로 성도를 위하여 간구하심이니라

- 이 구절을 여러 번 읽고 외우십시오. 이번 과의 **암송 구절**입니다.

- 우리가 기도할 때, 성령님은 우리를 어떻게 도와주고 계십니까?

성령님은 우리에게 기도할 힘을 주십니다. 여기에 '연약함'은 '힘의 결여로 인해 결과나 열매를 만들 능력이 없는 것'을 의미합니다. 우리 옆에서 기도를 돕는 성령님이 계시지 않다면, 우리는 우리의 연약함 때문에 하나님의 보좌 앞에 나가지 못할 것입니다. 또 무엇을 기도해야 할지도 모를 것입니다. 성령님은 연약한 우리를 도우셔서 기도의 자리에 나갈 힘을 주시고 기도할 내용을 알려 주십니다. 무엇을 구해야 할지 모르는 우리의 무지를 아시기에 성령님은 '말할 수 없는 탄식'으로 우리 안에서 기도를 도와주십니다.

우리가 성령님의 인도하심에 마음을 열고 맡기면 우리는 우리의 내면으로부터 함께하시는 성령님의 도우심을 느낄 수 있습니다. 성령님이 어떤 사람을 생각나게 하실 수도 있습니다. 성령님은 당신에게 그 사람을 찾아가서 하나님의 사랑을 나타내라고 요청할 수도 있습니다. 이렇게 해서 나오는 기도는 단순히 입에서 나오는 목소리의 기도가 아니라 가슴 저 깊숙한 곳으로부터 나오는 마음의 울림입니다. 처음엔 그것을 인식하기 어렵지만 우리의 가슴 깊은 곳에서부터 울려 퍼지는 죄인의 탄식과 아픔의 부르짖음이 나오기도 합니다. 우리의 속사람을 보시고 말할 수 없는 탄식으로 우리를 도와주고, 위로하고 싶고 새롭게 하길 원하시는 성령님의 기도가 내 안에서 나오게 됩니다.

- 성령이 도와주셔서 영으로 하는 기도를 무엇이라고 합니까?

_____

_____

고린도전서 14:2

방언을 말하는 자는 사람에게 하지 아니하고 하나님께 하나니 이는 알아 듣는 자가 없고 영으로 비밀을 말함이라

영으로 하는 기도를 방언이라고 말합니다. 방언기도는 기도하는 사람의 의식이 닿지 않는 깊은 내면에서 드리는 기도입니다. 우리는 영적인 존재이므로 우리의 말과 언어로만 기도하는 것이 아니라 우리의 영으로도 기도할 수 있습니다. 영으로 하는 기도는 성령님이 주시는 마음이나 말씀이 우리의 영에 감동을 주어 우리가 알아들을 수 없는 말로 혹은 그저 탄식과 신음 소리로 기도하는 것입니다. 그래서 방언으로 기도하는 사람은 성령에 사로잡혀 기도하는 것이기에 왜 기도하는지를 자신이 이해할 수 없을 수 있습니다. 성령님의 인도하심을 따라 우리의 영이 기도하는 것이기에 기도하는 사람의 영혼에 생기를 불어넣어 주고 활력을 주어 신앙 생활에 유익을 줍니다. 그래서 바울은 고린도 교회 성도들이 다 방언 말하기를 원한다고 했습니다(고전 14:5). 아울러 방언으로 기도하면 할수록 더 큰 유익이 있음을 고백했습니다.

고린도전서 14:18

내가 너희 모든 사람보다 방언을 더 말하므로 하나님께 감사하노라

■ 개인적으로 성령님이 도와주셔서 기도한다고 느낄 때가 있었습니까? 혹 방언으로 기도할 때 오는 영적인 유익이 무엇이라고 생각합니까?

―――――――――――――――――――――――――
―――――――――――――――――――――――――

성령님께서 도와주시는 기도를 할 때 오는 유익들은 단지 우리의 필요가 채워지거나 어떤 외적인 신비한 현상을 경험하는 막연한 것이 아닙니다. 영으로 하는 기도를 통해 하나님이 존귀하게 지으신 사람의 영이 정결케 되고 새로워집니다. 또한 방언기도는 성령님이 직접 우리의 영에 말씀하시는 기도입니다. 영으로 드리는 방언기도를 통해 우리는 더욱 담대함 가운데 기도하며, 더욱 하나님 앞에 가까이 나아갈 수가 있습니다. 그래서 방언기도를 하면 하나님의 음성에 민감하게 반응하도록 성령님이 우리의 기도 생활을 도와주십니다. 방언기도는 성령님께서 우리의 기도를 도와주셔서 우리 영으로 기도하게 하는 것이기 때문에 성령님의 인도하심을 받고 더욱 간절히 오랫동안 기도에 열중할 수 있습니다. 이것이 영으로 드리는 기도의 유익들입니다. 모든 성령 충만함을 사모하는 성도들은 누구나 성령님이 도와주시는 영의 기도를 드릴 수 있습니다.

3 듣는 기도
마음으로 말씀을 경청합니다

우리는 기도가 하나님과 이야기하는 것이라고 이미 배웠습니다. 대화로서 기도는 양쪽이 다 말하고 양쪽이 다 듣는 것입니다. 우리가 기도할 때 하나님은 들으시고, 하나님이 말씀하실 때 우리는 듣습니다. 듣는 기도는 하나님의 말씀을 읽고, 하나님의 음성을 깨닫고 분별하는 기도입니다.

요한복음 10:27

내 양은 내 음성을 들으며 나는 그들을 알며 그들은 나를 따르느니라

하나님의 자녀는 그가 기르시는 양입니다. 하나님은 목자이십니다. 목자는 양들을 알고 양들은 목자의 음성을 듣고 따릅니다. 하나님을 만난 사람들은 하나님의 음성을 듣고 따르게 됩니다. 그 대표적인 인물로 사무엘을 생각해 보십시오.

사무엘상 3:9

엘리가 사무엘에게 이르되 가서 누웠다가 그가 너를 부르시거든 네가 말하기를 여호와여 말씀하옵소서 주의 종이 듣겠나이다 하라 하니 이에 사무엘이 가서 자기 처소에 누우니라

우리가 어떻게 하나님의 음성을 들을 수 있습니까? 먼저 '듣는 마음'이 있어야 합니다. "여호와여 말씀하옵소서 주의 종이 듣겠나이다"라고 소원해야 합니다. 우리가 기도해도 응답이 되지 않는 이유는 듣지 않고 구하기 때문입니다. 자기 마음대로 자기 욕심대로 구할 때 하나님은 들어주시지 않습니다. 그래서 성숙한 그리스도인은 자신의 마음과 생각으로만 기도하지 않습니다. 먼저 하나님의 말씀을 들음으로 기도합니다. 말씀에서 기도 제목이 나오려면 기도하기 전에 말씀 앞에 서는 것이 순서입니다. 나의 목적과 소원을 붙잡고 먼저 기도하는 것이 아니라 하나님이 주신 약속의 말씀을 붙잡고 그 안에서 나의 소원을 발견하고 기도하는 것입니다.

■ 우리가 기도를 잘하려면 무엇을 잘 듣고 이해해야 합니까?

바로 하나님의 말씀입니다. 하나님의 말씀인 성경은 우리로 하여금 구원에 이르게 하는 지혜를 가르쳐 주고 우리의 영혼을 살리는 생명의 양식입니다. 이 말씀을 읽고 묵상하며 하나님이 주신 그 말씀을 붙잡고 기도하는 것이 듣는 기도입니다.

예레미야 15:16

내가 주의 말씀을 얻어 먹었사오니 주의 말씀은 내게 기쁨과 내 마음의 즐거움이오나

이사야 34:16

너희는 여호와의 책에서 찾아 읽어보라 이것들 가운데서 빠진 것이 하나도 없고 제 짝이 없는 것이 없으리니 이는 여호와의 입이 이를 명령하셨고 그의 영이 이것들을 모으셨음이라

하나님의 말씀인 성경을 자세히 읽어야 합니다. 말씀을 여러 번 읽으면서 우리가 말씀을 붙잡고 이해하려 하기보다는 말씀이 주시는 음성을 들으려 해야 합니다. 처음에는 내 눈으로 보고 내 머리 속으로 이해하지만 말씀을 계속 읽으면서 말씀이 나를 이끌어 말씀으로 나를 보고 이해하도록 해야 합니다. 이렇듯 하나님과 나 사이에 일어나는 소통 속에서 하나님의 마음과 뜻을 더 분명히 알 수 있습니다. 이것이 경청기도입니다.

경청기도는 결코 새로운 것이 아닙니다. 다윗이 행한 시편의 수많은 기도들이나 하박국, 다니엘, 느헤미야 등의 기도를 보면 철저히 말하고 듣는 기도였습니다. 이런 기도는 성경 시대 이후 교회 역사 속에 나타난 믿음의 선배들에 의해 전승되었습니다. 이런 전승에 따라 성경을 읽고 묵상하며 듣는 기도의 방법이 바로 '말씀묵상기도'입니다.

'말씀묵상기도'는 '거룩한 묵상' '영적인 독서'를 의미합니다. 하나님의 음성을 듣는 마음으로 성경을 읽는 것입니다. 말씀을 묵상하는 중에 전 인격적으로 하나님과의 만남을 경험하며 기도하는 영적 훈련입니다. 그것을 실습하는 방법은 다음과 같습니다.

준비 : 묵상할 본문 확인과 시작 기도

- 성령님의 도우심을 구합니다.

1. 성경을 읽습니다

- 성경 본문을 천천히 눈으로 읽으며 내용을 파악합니다.
- 겸손하게 마음을 열고 "순종하겠습니다" 하고 듣습니다.
- 다시 읽으면서 마음의 움직임을 살피고 마음에 다가오는 한 낱말 또는 구절을 선택합니다.

2. 성경을 묵상합니다

- 선택한 구절 혹은 낱말을 마음으로 반복하며 질문합니다.

  "왜 하나님께서 이 말씀을 나에게 주셨을까?"

  "이 말씀이 나의 삶에 무슨 의미가 있을까?"

  "이 말씀이 하나님과 나의 관계에 어떤 의미가 있을까?"

- 마음속에 무엇이 떠오르는지 살펴봅니다.
- 내가 이해하고 적용할 수 있을 때까지 묵상을 계속합니다.

3. 성경으로 기도합니다

- 묵상 결과 마음에 자연스럽게 일어나는 반응을 하나님께 그대로 표현합니다.

- 감사와 찬양, 회개와 결심, 하나님의 뜻에 순종할 수 있는 믿음과 인내, 의지를 구합니다.

4. 성령 안에 머뭅니다

- 하나님의 따뜻한 시선을 느끼며 그 앞에 조용히 머뭅니다.

- 하나님의 말씀을 삶으로 받아들이고, 그 말씀을 생활 속에 녹아내리게 만듭니다.

실천 : 오늘 내게 주신 말씀을 기도 노트에 적어 하루 동안 수시로 꺼내 묵상합니다

- 하나님의 음성을 듣고 경험한 것을 기도일기에 적고 실천을 결단하며 기도합니다.

이 말씀묵상기도 방법은 성경을 읽으면서 기도하고, 기도한 대로 살아가는 방법입니다. 기도에 성공하고 싶습니까? 평소에 성경을 많이 읽고 묵상하십시오. 그로 인해 내가 기도하는 것이 아니라 마음에 새겨진 말씀의 음성이 나로 하여금 기도하게 하십시오. 이것이야말로 기도를 쉽게 하는 비결입니다. 성경을 주의해서 읽고 묵상하고 조용히 그 앞에 머무르는 것은 하나님의 음성을 들을 수 있는 가장 좋고 중요한 방법입니다. 우리가 기도할 때 하나님은 말씀을 통해 인도하실 뿐만 아니라 무엇을 기도해야 하는지도 알려 주십니다.

영적인 반응과 변화 관찰하기

하나님의 음성을 들으며 기도할 때, 우리 안에서 일어나는 반응과 변화에 대해 알아봅시다.

1) 정신

하나님은 정신을 통해 말씀이 잘 이해되게 해주십니다. 주변의 일들과 상황들을 새로운 빛으로 보게 하십니다. 맑은 영감을 주시어 잘못된 허상들을 보게 하고 새로운 마음을 주십니다.

2) 의지

하나님이 새로운 갈망을 주심으로 우리의 의지가 분명한 방향을 갖습니다. 하나님의 뜻을 들으므로 무엇을 해야 할지 알게 되고 할 수 있는 힘을 얻게 됩니다.

3) 감정

하나님은 기쁨, 평안, 감동 등과 같은 감정의 경험을 하게 하십니다. 때로는 즐거움이나 기쁨 대신 죄책감이나 불안, 분노 등을 느끼게 하실 수도 있습니다. 이런 감정의 변화들은 우리 자신의 한계를 인정하고 사랑 가운데 우리가 자라야 함을 보여주는 것입니다. 이 모든 것은 하나님이 나와 함께하신다는 징표입니다.

4) 상상력

하나님은 우리의 상상력을 통해 우리를 깨우치게도 하시고 이전에 생각하지 못했던 새로운 것을 듣게 하십니다. 상상력을 통해 하나님의 임재를 더 가까이 느끼게 하고, 우리의 상황에 개입하셔서 우리의 결정에도 영향을 미칩니다.

5) 기억

하나님은 기억을 통해서 우리에게 말씀하십니다. 기도할 때 떠오르는 수많은 기억들, 고통과 기쁨, 실패와 성공, 우리가 받았던 경고, 의견과 충고, 증거들. 이 모든 것을 통해 하나님의 음성을 들을 수가 있습니다.

* 내 안에 일어나는 영적인 반응과 변화에 대한 관찰은 우리 속사람을 강건하게 할 뿐 아니라 이 세대 가운데 영적 분별력을 가진 성숙한 그리스도인으로 자라도록 도움을 줍니다.

4 몸으로 드리는 기도
전 인격적인 반응으로 표현합니다

우리는 어떻게 기도해야 합니까? 간절하고 담대하게 전심으로 강청해야 합니다. 성령님의 도우심으로 영으로 기도해야 합니다. 성경을 읽고 묵상하고 순종함으로 하나님의 음성에 경청하는 기도를 해야 합니다. 이런 방법들과 함께 몸으로 드리는 기도에 대해 배우겠습니다.

성경은 기도하면서 자기감정을 신체적으로 힘 있게 표현하는 일이 얼마나 가치 있는지를 알려 줍니다. 특히 출애굽기 17장에서 아말렉 족속과 르비딤 광야에서 전쟁을 치르는 동안 모세가 한 기도를 보면, 신체적인 표현으로 드리는 기도가 얼마나 강력한지를 확실히 볼 수 있습니다. 특히 시편은 기도할 때 우리의 신체를 사용하라고 백 번도 넘게 말합니다.

출애굽기 17:11-12

모세가 **손을 들면** 이스라엘이 이기고 손을 내리면 아말렉이 이기더니 모세의 팔이 피곤하매 그들이 돌을 가져다가 모세의 아래에 놓아 그가 그 위에 앉게 하고 아론과 훌이 한 사람은 이쪽에서, 한 사람은 저쪽에서 모세의 손을 붙들어 올렸더니 그 손이 해가 지도록 내려오지 아니한지라

여호수아 8:26

아이 주민들을 진멸하여 바치기까지 여호수아가 단창을 잡아 든 **손을** 거두지 아니하였고

열왕기상 8:22-23

솔로몬이 여호와의 제단 앞에서 이스라엘의 온 회중과 마주서서 **하늘을 향하여 손을 펴고** 이르되 이스라엘의 하나님 여호와여 위로 하늘과 아래로 땅에 주와 같은 신이 없나이다 주께서는 온 마음으로 주의 앞에서 행하는 종들에게 언약을 지키시고 은혜를 베푸시나이다

시편 47:1-2

너희 만민들아 **손바닥을 치고** 즐거운 소리로 하나님께 외칠지어다 지존하신 여호와는 두려우시고 온 땅에 큰 왕이 되심이로다

이밖에도 성경에는 여러 다양한 신체의 표현을 통해 기도하는 모습이 나와 있습니다.

예레미야 33:3

너는 내게 **부르짖으라** 내가 네게 응답하겠고 네가 알지 못하는 크고 은밀한 일을 네게 보이리라

마가복음 11:25

서서 기도할 때에 아무에게나 혐의가 있거든 용서하라 그리하여야 하늘에 계신 너희 아버지께서도 너희 허물을 사하여 주시리라 하시니라

마태복음 26:39

조금 나아가사 **얼굴을 땅에 대시고 엎드려** 기도하여 이르시되 내 아버지여 만일 할 만하시거든 이 잔을 내게서 지나가게 하옵소서 그러나 나의 원대로 마시옵고 아버지의 원대로 하옵소서 하시고

사도행전 20:36

이 말을 한 후 **무릎을 꿇고** 그 모든 사람들과 함께 기도하니

그러나 성경은 기도할 때 반드시 어떤 자세나 모양으로 해야 한다고 말하지 않습니다. 하나님께 대한 사랑과 헌신과 존경을 표현하는 마음을 느낄 수 있습니다. 이것이 지나쳐 마음을 떠난 형식주의는 경계해야 하지만 우리의 몸도 하나님을 경배하고 하나님께 기도하는 것을 마땅히 배워야 합니다.

■ 나는 기도할 때 어떤 자세를 취합니까?

_____

_____

사람마다 기도하는 자세가 조금씩 다릅니다. 어떤 자세든지 정말 중요한 것은 간절한 마음과 진실된 소원이라는 점을 놓쳐서는 안 됩니다.

- 그렇다면 몸으로 기도한다는 의미가 무엇이고, 몸으로 기도할 때 어떤 유익이 있을까요?

_____

_____

고린도전서 3:16

너희는 너희가 하나님의 성전인 것과 하나님의 성령이 너희 안에 계시는 것을 알지 못하느냐

우리 몸은 하나님의 성전입니다. 즉 기도하는 집입니다. 그래서 우리 몸도 기도하는 것을 배워야 합니다. 기도할 때 우리 몸이 함께하고 있음을 잊어서는 안 됩니다. 기도하는 시간에 몸은 기도의 유익한 도구가 될 수도 있고 방해가 될 수도 있습니다. 왜냐하면 몸의 상태와 자세에 따라서 집중력과 의지력에 큰 차이를 가져오기 때문입니다. 모든 종교들도 몸의 자세를 극도로 중시하는데 그 이유는 몸이 기도의 도구라고 생각하기 때문입니다. 기독교의 전통도 기도에 대한 몸의 역할을 신중히 고려해 왔습니다.

몸이 기도할 때 영도 그와 조율합니다. 그러나 영이 기도한다고 해서 반드

시 몸이 따르는 것은 아닙니다. 영이 기도하고 싶어도 종종 몸이 저항할 때가 있습니다. 그러므로 몸을 처음부터 기도에 집중할 수 있는 자세로 하는 것이 중요합니다. 너무 편하거나 너무 불편한 자세는 피하는 것이 좋습니다. 혼자일 때는 팔을 펼치고 큰소리로 기도하는 것도 좋습니다. 무릎을 꿇고 가슴을 똑바로 펴기도 하고 어깨를 반듯이 펴고 눈을 감는 것이 집중에 도움이 됩니다.

무엇보다 몸으로 드리는 기도는 전 인격적인 반응을 의미합니다. 인격적인 하나님과 만나 이야기하는 것이 기도라면 거기에 따른 마음과 몸의 표현을 나타내는 것입니다. 보이지 않는 영이신 하나님께 보이는 몸으로 마음을 표현하는 것입니다. 이것이 자칫 율법주의와 형식주의로 흐르지 않도록 하는 것은 여전히 보이는 대로 판단하는 사람들에게 남겨진 숙제지만 그럼에도 불구하고 우리의 몸을 '하나님이 기뻐하시고 거룩한 산 제물'로 드리는 기도 자세가 필요합니다.

5 인내의 기도
기도의 열매를 기다립니다

'기도는 노동이다'라는 말이 있습니다. 이는 기도가 단순히 아무것도 하지 않고 그저 하늘에서 내려오는 도움만 무작정 기다리는 요행이 아님을 뜻하는 말입니다. 우리가 일을 하면 그에 대한 열매를 거두는 것처럼 우리는 기도라는 노동을 통해 하나님으로부터 오는 열매를 얻게 됩니다. 그래서 어떤 열매를 맺기 위해 기도하는 것은 쉬운 일이 아닙니다. 더욱 힘든 것은 기도를 했는데도 기도가 응답되지 않을 때입니다. 그토록 열심히 기도했는데, 기도에 올인했는데, 기도에 열중했는데 아무런 변화도 역사도 일어나지 않는 것입니다. 이런 경험이 반복되다 보면 우리는 기도하는 일을 멈추거나 쉬게 됩니다. 사실 많은 사람들이 크고 작은 기도의 실패를 경험하고 기도하지 않거나 기도의 소중함을 느끼지 못하고 신앙 생활을 하고 있습니다.

■ 열심히 기도했는데 응답이 없다면 어떻게 하시겠습니까?

우리의 기도에 응답되지 않는 기도는 없습니다. 일반적으로 우리는 기도

응답에는 세 가지가 있다고 배웠습니다. 첫째는 응답이고(Yes) 둘째는 불응답이며(No) 셋째는 기다림(Wait)입니다. 이 모두가 응답입니다.

누가복음 11:9

내가 또 너희에게 이르노니 구하라 그러면 너희에게 주실 것이요 찾으라 그러면 찾아낼 것이요 문을 두드리라 그러면 너희에게 열릴 것이니

위 말씀에서 예수님이 우리에게 "구하라, 찾으라, 두드리라"고 하신 이 세 가지 명령은 모두 현재진행형 시제입니다. 왜 예수님이 이렇게 말씀하셨을까요? 왜냐하면 구하고 찾고 두드리는 것을 멈추지 말고 계속해야 할 기도의 제목들이 있기 때문입니다. 이것은 아무리 힘들어도 중간에 멈추거나 그만두어서는 안 되는 기도입니다. 포기와 체념보다 더 무서운 사탄의 공격은 없습니다. 하나님이 우리에게 "항상 기도하라"고 하신 것은 기도를 포기하지 말라는 초청입니다. 기도는 나의 환경과 조건에 따라 지속하거나 아니면 중도에 멈추게 되는 것이 아니라 기도하지 못하게 하는 어둠의 영과 사탄과의 싸움입니다. 기도는 포기해선 안 됩니다.

히브리서 10:36

너희에게 인내가 필요함은 너희가 하나님의 뜻을 행한 후에 약속하신 것을 받기 위함이라

인내의 기도는 열매를 맺습니다. 인내하는 시간, 즉 기도의 응답을 기다리는 힘든 시간들을 하나님은 합력하여 선하고 아름다운 것으로 바꾸어 주십니다. 이 힘든 시간을 거치면서 하나님의 선한 뜻과 마음을 더 깊이 우리의 몸과 마음으로 체득하게 됩니다.

인내가 결코 쉬운 것은 아닙니다. 기도 응답이 늦어지거나 내가 원하는 바가 이루어지지 않으면 더 이상 그 기도는 하고 싶지 않습니다. 그러나 그때에도 기도를 해야 합니다. 인내의 기도만이 기도를 못 하게 하는 사탄의 계략을 이겨 내는 능력이 됩니다. 우리의 끈질긴 기도는 사탄의 견고한 진을 허물고 음부의 권세를 이기게 하는 무기입니다. 그러므로 우리는 성령님의 도우심을 구하며 성령님 안에서 포기하지 않고 꾸준히 기다리며 모든 일에 인내함으로 기도해야 합니다.

6 사랑에 이르는 기도
예수님과 사랑을 나눕니다

우리는 성경적인 기도에 대해 배우면서 예수님에게서 그 모델을 찾고자 했습니다. 예수님의 기도는 하늘 아버지의 뜻이 땅에서 이루어지는 기도였습니다. 가장 힘든 기도를 드렸던 겟세마네 동산에서도 예수님은 "내 뜻대로 하지 마옵시고 아버지의 뜻대로 하옵소서"라고 기도했습니다. 그랬기에 예수님의 기도는 항상 응답의 열매를 맺었습니다. 우리도 예수님처럼 항상 기도의 열매를 맺기 위해서는 어떻게 해야 합니까?

요한복음 16:23-24

그 날에는 너희가 아무것도 내게 묻지 아니하리라 내가 진실로 진실로 너희에게 이르노니 너희가 무엇이든지 아버지께 구하는 것을 내 이름으로 주시리라 지금까지는 너희가 내 이름으로 아무것도 구하지 아니하였으나 구하라 그리하면 받으리니 너희 기쁨이 충만하리라

우리의 기도가 항상 열매를 맺기 위해서는 예수님의 이름으로 구해야 합니다. 우리가 기도할 때 예수님의 이름으로 기도하는 것은 예수님 안에서 연합한 한 몸임을 고백하는 것입니다. 마치 결혼 서약과 같이 하나임을 선포하는 것입니다. 내가 예수님 안에 있고 예수님이 내 안에 계셔서 기도의 내

용과 표현과 의미는 내가 말했지만 이 모든 기도는 이제 더 이상 나만의 기도가 아니라 '예수님의 기도'가 되길 바라는 소망입니다. 즉 내가 원하는 뜻이 이루어지도록 구하는 것이 아니라 영원한 중보자이신 예수님이 아버지의 뜻이 이루어지기를 구했던 것처럼 우리도 아버지의 뜻이 이루어지도록 기도하는 것입니다. 그렇게 해서 예수님이 아버지의 뜻에 순종하셨던 것처럼 우리도 아버지의 뜻에 순종하겠다는 믿음이 고백되어야 합니다.

요한복음 15:7

너희가 내 안에 거하고 내 말이 너희 안에 거하면 무엇이든지 원하는 대로 구하라 그리하면 이루리라

여기 '무엇이든지'를 '예수님의 이름으로' 하는 예수님의 기도와 연결해서 생각해야 합니다. 만약 그렇지 않으면 '무엇이든지'를 우리 마음대로, 우리 욕심껏 구해도 이루어진다는 잘못된 해석을 할 수 있습니다. 여기 '무엇이든지'는 하나님과 하나되어 친밀한 교제가 이루어진 사랑의 관계를 전제로 합니다. 하나님과 이야기할 때 막힘이나 둘 사이를 가로막는 어둠이나 장벽이 없음을 말합니다. '이렇게 해도 될까', '이 말을 하면 들으실까', '이렇게 말했는데 거절하면 어떡하지' 같은 불편한 마음이 없는 상태입니다. 무엇이든지 이야기할 수 있는 관계입니다. 무슨 말을 해도 즐겁고 마음이 좋습니다. 내 안에 있는 정죄감, 부끄러움, 두려움, 불안이 이 즐거움을 빼앗지

못합니다. 왜냐하면 하나님이 이미 아시고 충분히 이해하시고 다 들어주시고 이루어 주시기 때문입니다. 이것이 '사랑으로 하는 기도'입니다.

이 기도를 통해 하나님은 첫 사람 아담과 하와와 함께 나누셨던 친밀한 교제를 우리와도 나누기를 원하십니다. 예수님의 이름으로 기도할 때마다 우리는 우리가 예수님을 우리 가운데 보내주신 하나님의 사랑 안에 있음을 기억해야 합니다. 이로써 우리는 기도의 정점인 하나님의 사랑, 아가페를 경험하게 됩니다.

- 우리의 기도가 이르러야 할 목표는 무엇이라고 생각하십니까?

우리의 기도가 이르러야 할 목표는 육체적인 필요나 긴급하고 중대한 문제를 해결하는 정도가 아닙니다. 우리의 목표는 예수님 안에 거하는 것이고 예수님과 동행하는 것입니다. 예수님의 사랑, 아가페 사랑이 내 안에 있고 내 사랑이 예수님 안에 있는 것입니다. 성 어거스틴은 "참되고 완전한 기도는 사랑 외에 아무것도 아니다"라고 했습니다. 우리의 기도 목표는 하나님의 사랑입니다. 이 사랑이 우리의 삶과 인격에 묻어나오고 우리의 이웃과 세상에 흘러가도록 기도하는 것입니다. 사랑에 이르는 기도는 하나님 사랑 안에서 우리의 기도를 자라나게 하고 하나님의 사랑이 우리의 삶 속에 깊이 뿌리내리게 하고 그 사랑으로 그분과 동행하도록 만들어줍니다. 이것이 예수님과 함께 떠나는 기도여행의 종착지입니다.

사랑에 이르는 기도

1 '빈말들'

마음이 담기지 않은 말들입니다. 예수님께서는 이런 종류의 기도를 나무라시고 거부하셨습니다(마 6:7). 이러한 기도는 의례적이고 형식적인 종교 생활로 빠지게 만듭니다. 이런 종류의 기도가 습관이 되지 않도록 의식적으로 벗어나도록 해야 합니다.

2 '독백'

나와 하나님이 아닌 자기 자신과 이야기하는 말입니다. 이것은 기도가 아닌데도 스스로 기도하고 있다고 착각하게 만듭니다. 이런 기도는 기도의 성장을 가로막고 자신이 늘 기도 생활을 하고 있다고 착각하게 만드는 위험요소를 갖고 있습니다.

3 '대화'

이제 하나님과 소통이 되는 대화의 단계입니다. 이 단계에서 우리는 들으시고 보시고 나누시는 하나님 앞에 인격으로서 서는 것입니다. 기도가 즐거워지고 하나님과의 교제가 시작되며, 간구와 강청함으로 담대한 믿음이 자라나기 시작합니다. 이 단계에 계속해서 머물기 위해서는 의식 성찰과 기도의 훈련이 필요합니다.

4 '들음'

대화의 단계에 이르렀을 때 우리는 반드시 더 나아가야 합니다. 하나님의 말씀을 들을 때에 우리의 기도는 생명력을 가집니다. 내 말과 내 뜻이 아닌 하나님의 말씀과 뜻을 깨달았을 때 우리의 기도는 더욱 성장합니다. 우리가 하나님의 말씀 앞에서 정직하게 마음을 열어갈 때 하나님이 우리 삶 안에 들어오셔서 하시는 말씀들을 들을 수 있습니다.

5 '사랑'

기도의 절정은 사랑입니다. 기도가 사랑으로 성장하고, 기도가 곧 삶이 될 때, 그리고 기도가 그분의 뜻에 완전한 순종이 될 때, 우리의 기도는 사랑의 절정을 경험합니다. 하나님의 사랑, 아가페 안에 머물며 예수님과 사랑을 나눕니다.

* 기도는 이러한 단계들을 통과하며 성장해 갑니다. 각 단계마다 기도에 대한 하나님이 베푸시는 응답이 있습니다. 하나님은 우리 모두가 그분과 대화하며 하나님의 말씀을 들으며 사랑을 나누는 기도의 자리까지 나아오기를 원하십니다.

기도일기

20   년   월   일

말씀과 묵상

오늘의 기도

나눔과 적용

기도일기

20   년   월   일

말씀과 묵상

오늘의 기도

나눔과 적용

에필로그

예수님과 함께 떠나는 기도 여행에는 기쁨이 있습니다. 여행의 즐거움을 들자면 멋진 장관이나 맛있는 음식도 있지만, 무엇보다 함께 동행하는 사람과의 만남과 사귐에 참 즐거움이 있습니다. 우리의 영적 여정에서 예수님과 만나고 그분과 함께 사귀는 즐거움이 없다면 우리의 여행 코스가 아무리 좋았다 하더라도 허무할 것입니다. 우리의 여정이 행복한 것은 바로 우리와 함께하시는 예수님 때문입니다.

이제 우리와 동행해 주신 예수님의 손을 잡고 〈하.기.도〉를 잘 마쳤습니다. 그러나 언제든지 마침은 또다른 시작이 되는 것을 기억하십시오. 이제까지 나의 손을 붙잡아주신 예수님의 한 손을 잡고 또다른 한 손은 다른 사람의 동행자가 되어 거룩한 기도 여행을 다시 떠나길 권면합니다.

제가 기도여행 중에 만난 그리스도인들은 더 많은 영적인 체험을 하길 원하고 보다 능력있는 기도의 삶을 경험하길 원했습니다. 그런데 그 기도의 여정에 함께 동행하는 안내자, 인도자, 동반자가 없어서 기도 여행을 떠나지 못하는 경우도 보았습니다. 저희는 이 교재《하나님의 기도학교》가 그 분들에게 기도 여정을 준비하는 안내자로서 예수님과 함께 동행하는 길을 비춰주는 작은 빛의 역할을 했으면 좋겠습니다.

이 책을 마무리하면서 예수님과 함께, 또 다른 기도 여행의 동반자들과 함께 은혜의 간증들이 많아지길 기대합니다. 예수님께서 우리와 함께 동행해 주셔서 우리가 경험하고 누렸던 그 한량없는 하나님의 은혜를 또 다른 사람에게 흘러가게 해 주실 것입니다. 이 교재와 함께 하나님의 기도학교를 수료하는 모든 분들이 이 은혜의 통로로 쓰임받게 되시길 기도합니다.

우리의 기도 생활이 하나님과의 친밀함을 누리고 성령님의 능력과 권능을 경험하며 그리스도의 장성한 분량에까지 이르는 영적 성장과 성숙이 있기를 기도합니다. 또한 하나님의 사랑이 교회와 섬기는 공동체에 가득하시길 기도드립니다.

부록

1. 교재를 활용하기 위한 제안
2. 〈하. 기. 도〉 진행가이드
3. 기도노트
4. 기도일기
5. 기도에 관한 유익한 책
6. 개인 점검표

부록 1
교재를 활용하기 위한 제안

1. 〈하.기.도〉는 소그룹 제자양육 성경공부와 기도 훈련의 교재로 활용할 수 있습니다.

　〈하.기.도〉는 개인적인 영성훈련과 함께 소그룹(12명 미만)이 교재를 학습하며 나눔이 이루어지도록 만들어졌습니다. 이 교재는 기도에 대한 단순한 성경공부가 아니라 예수님의 제자로서 그분과 함께 인격적 교제를 경험하는 생활훈련이 되도록 했습니다. 서로가 기도함으로 소그룹의 영적인 교제를 배우게 되고 예수 그리스도의 사랑 가운데 서로가 성장하는 것을 보게 될 것입니다.

2. 〈하.기.도〉는 교회의 리더십, 직분자, 사역자, 평신도들과 함께 공부하면 더욱 좋습니다.

　〈하.기.도〉는 개개인의 삶의 진지한 고민과 기도의 경험들을 자유롭게 나눌 수 있도록 합니다. 교회의 영성이 메말라가거나 목회자와 교회 직분자들 사이에 영적인 관계가 시들해지지 않도록 교회 리더십들의 양육교재로 〈하.기.도〉를 사용할 수 있습니다. 함께 읽어가며 삶 속에서 느끼는 개개인의 필요와 마음을 나누고 서로 기도함으로 교회 공동체 안에서 영적인 친밀함과 인격적 관계를 풍성하게 만들어주고 교회의 영적 공동체로서의 소중함을 일깨워줍니다.

3. 〈하.기.도〉는 성경적인 기도 생활을 할 수 있도록 도와줍니다.

_〈하.기.도〉는 성경에서 말하는 기도의 참된 의미를 발견하고 개인의 기도 생활이 하나님의 말씀에 기초하도록 도움을 줍니다. 교재에 제시된 성경구절을 자세히 읽어보고 또 제시되는 질문에 대해서도 진지하게 생각한 후 소그룹에서 함께 나누면 성경적인 기도 생활에 더 깊이 뿌리를 내리게 될 것입니다.

4. 〈하.기.도〉는 예수님과 동행하는 생활에 초점을 맞추고 있습니다.

_〈하.기.도〉는 기도를 잘하는 방법에 대한 것이 아니라 기도를 통해 예수님과 동행하는 삶에 초점을 맞추고 있습니다. 매일의 삶 속에서 예수님이 나와 어떻게 함께하시는지에 대한 훈련과 매일의 기도 노트를 적어가면서 예수님과 동행하는 삶이 습관이 되도록 배워갑니다.

5. 〈하.기.도〉는 하나님의 자녀로서의 거룩한 특권과 자기정체성을 회복할 수 있도록 돕습니다.

_모든 그리스도인들은 예수님의 피를 힘 입어 하나님을 만날 수 있는 특권을 가진 그분의 자녀들입니다. 그러므로 우리는 자녀를 기뻐하시는 아버지께 의무감으로 나아가는 것이 아니라, 특별한 사랑 가운데 나갈 수 있는 존재임을 늘 기억하는 훈련을 해야 합니다. 〈하.기.도〉는 우리가 누

구인지 더욱 분명히 알게 해주며, 우리 인생의 목적도 보다 분명해지도록 도움을 줄 것입니다.

6. 〈하.기.도〉는 소그룹 내의 중보기도훈련을 통해 교회의 영적 체질을 변화시킵니다.

_〈하.기.도〉의 소그룹은 그 자체로 기도의 훈련임과 동시에 성도의 교제입니다. 매주마다 소그룹에서 기도 제목을 나누고 서로를 위한 기도 노트를 작성하고 훈련하면서 교회의 영적 체질이 기도로 바뀌게 됩니다. 서로를 위해 기도하는 중보의 교제를 통해 하나님께서 어떻게 사람을 변화시키고, 문제와 상황에 응답하시는지를 경험하면서 소그룹과 교회 공동체의 기도가 더욱 활성화 되도록 도와줍니다.

7. 〈하.기.도〉는 한 주 전에 다음 과의 주제를 미리 예습하고, 소그룹에서는 나눔과 기도를 중심으로 진행합니다.

_〈하.기.도〉는 주어진 과의 질문에 스스로 답하면서 공부하는 예습 교재입니다. 그리고 소그룹에서는 예습한 내용에 기초해서 나눔이 전개되고 실제로 기도하는 시간이 진행됩니다. 그래서 교재의 모든 내용을 한 번에 다 가르치거나 배우리라 계획하지 마십시오. 형편상 한 과를 한 번에 하기 어려우면 나누어서 해도 됩니다. 과의 진도를 마치는 것에 급급하기보다는 삶 속에서 기도하는 시간을 구별하도록 도움을 주어야 합니다. 주변의 바쁜 스케줄 속에 〈하.기.도〉를 위한 예습 시간을 구별하고 개인

기도시간과 소그룹을 위한 중보기도시간을 갖도록 권합니다.

8. 〈하.기.도〉는 소그룹에서 매 과를 공부한 다음, 기도 실습을 통해 학습 목표에 도달할 수 있습니다.

_ 기도는 기도를 통해 배운다고 합니다. 매 과마다 배우는 주제에 따른 말씀암송, 기도노트 적기, 기도일기 쓰기, 기도실습 등 소그룹에 속한 사람들의 신앙 정도와 영적 상태에 따라 과제를 주고 삶 속에서 실습하도록 합니다. 이로써 소그룹에서의 나눔이 능동적이 되고 매 과의 학습목표에 도달할 수 있습니다. 〈하.기.도〉는 기도실습을 통해 거룩한 기도의 습관이 이루어지도록 도와줍니다.

부록 2
하나님의 기도학교 진행 가이드

I. 〈하.기.도〉 7주 과정

주	내용	목표	실천과제
1주	오리엔테이션	예수님을 바라보기 하루 10분 기도	1강 예습 소그룹 기도하기
2주	기도하는 참 의미	예수님과 마주 앉기 하루 20분 기도	2강 예습 성령님과 함께 하루 돌아보기
3주	기도하는 이유	예수님과 친해지기 하루 30분 기도	3강 예습 기도노트 작성하기
4주	기도하는 시간	예수님과 이야기하기 하루 40분 기도	4강 예습 기도일기 쓰기
5주	기도하는 내용	예수님께 맡기기 하루 50분 기도	5강 예습 말씀묵상기도 하기
6주	기도하는 방법	예수님 안에 거하기 하루 60분 기도	삶의 변화에 대한 간증문 준비하기
7주	나눔과 마무리	예수님과 함께 걸어가기 매일 60분 기도	소그룹 기도모임, 기도네트워크 참여하기

II. 〈하.기.도〉 개설 계획

- 개설시기와 대상을 결정하고 그에 따라 기도학교의 내용, 시간, 장소, 회비 등을 공지하여 신청자 등록을 받습니다.
- 인도자/부인도자를 정하고 자신의 역할을 숙지하고 기도학교 신청자를 위해 미리 중보기도합니다.
- 7주 과정에 필요한 자료를 점검하고 준비합니다. (교재, 찬양집, 이름표, 출석부 등)

III. 주차별 모임 진행 순서

〈하.기.도〉는 전체 7주 과정으로 구성되어 있습니다. 1주에 한 강의씩 진행되며 한 강의는 대략 2-3시간 정도 소요됩니다.

순서	시간	내용
마음을 여는 찬양과 기도	(10분)	찬양인도자가 찬양 2-3곡을 미리 선곡하고 찬양을 인도하며 모임을 엽니다.
마음을 나누는 나눔과 교제	(80분)	• 인도자는 이미 예습한 내용을 점검하며 소그룹 나눔이 원활하게 이루어지도록 도와줍니다. • 나눔의 경우 한 사람이 3분을 넘지 않도록 하며 인도자는 상황에 따라 나눔 시간을 조절하고 적절히 배분합니다. • 부인도자는 인도자의 중보자요 조력자로서 행정적인 일과 모임시 필요한 일들을 도와줍니다.
마음이 함께하는 기도	(30분)	나눔을 통한 조원들의 기도제목을 가지고 기도하고, 교재 주제에 따라 함께 기도하며, 제시된 실습과제 훈련을 함께하는 시간을 갖습니다.

Ⅳ. 강의 주제와 내용

1주 : 오리엔테이션

- 〈하.기.도〉는 소그룹 안에서 서로에 대한 신뢰가 있어야만 진실한 나눔이 가능한 모임입니다. 그래서 첫 시간에 〈하.기.도〉를 위한 일곱 가지 약속을 하고 사인을 합니다.
- 조원들이 자신을 소개하고 서로의 기도제목을 나누는 시간을 갖습니다.
- 교재, 찬양집, 명찰, 출석부 등을 준비하며, 부드러운 교제 분위기를 위해 차와 간식도 잊지 않고 준비합니다.
- 〈하.기.도〉 과정 중에 섬길 찬양 담당자와 간식 담당자를 세웁니다.

2주 : 제1강 기도하는 참 의미

- 기도에 대한 의미를 살펴보고 기도의 다양한 스타일에 대한 이해를 가집니다.

- 오리엔테이션 때 나눈 조원들의 기도 제목을 정리하여 조원들에게 한 장씩 나눠 주고 매일 정해진 시간에 기도하도록 합니다.
- 의식성찰기도를 배우고 매일 기도 생활에 적용하고 실습합니다.

3주 : 제2강 기도하는 이유
- 기도하는 이유 9가지를 살펴보고 자신의 기도 제목을 새롭게 발견하고 매일 정해진 시간에 기도합니다.
- 지난 주 추가된 기도 제목을 정리해서 다시 조원들에게 나누고 매일 정해진 시간에 기도하도록 합니다.
- 기도 생활의 좋은 습관을 위해 '기도노트'를 사용하여 기도하기를 시작합니다.

4주 : 제3강 기도하는 시간
- 언제 기도해야 하는 것이 좋은지 기도하는 시간을 점검해 봅니다.
- 조원들이 함께 기도하는 시간 이외에 개인적으로 더 기도하기 원하는 시간을 정해서 기도합니다.
- 좀더 깊이 있는 기도 훈련을 위해 '기도일기'를 권장하고 소개합니다.

5주 : 제4강 기도하는 내용
- 무엇에 대해 기도해야 하는지 그리고 그 기도에 대한 응답은 무엇인지 배우게 됩니다.
- 지금까지 하나님이 행하신 일에 대한 감사의 제목들을 적고 나눕니다.
- 기도하는 내용과 기도에 대한 응답을 분명하게 알기 위해 '기도노트'와 '기도일기'를 어떻게 사용해야 하는지 서로 나누어봅니다.

6주 : 제5강 기도하는 방법
- 기도의 다양한 종류들을 배우고 실제로 실습합니다.

- 성경말씀과 함께 기도하는 말씀묵상기도 방법을 배우고 한주간 동안 듣는기도를 훈련합니다.
- 〈하.기.도〉 과정을 통해 새롭게 배우고 깨닫게 된 사실과 내 삶에 주신 변화에 대해 간증문을 준비합니다.(A4 용지 1면 이상)

7주 : 나눔과 마무리
- 7주 마지막 종강모임은 다양한 형태로 가질 수가 있습니다.
- 서로의 간증을 풍성히 나누는 즐거운 교제의 시간입니다. 각자 준비해 온 간증을 서로 돌아가면서 발표하고 기도학교를 통해 얻은 유익과 은혜를 함께 나눕니다.
- 수료식 순서자와 발표할 대표 간증자를 함께 정할 수도 있습니다.
- 이날 다과 혹은 간단한 식사는 모두가 함께 준비하여 나누고, 더욱 성숙해진 기도 생활을 축하하는 파티 분위기로 마무리합니다.
- 따뜻한 음악과 기념 사진촬영을 준비하면 더 좋습니다.
- 실천과제였던 기도문과 간증문 등을 잘 보관하여 종강기념사진과 함께 기도학교 자료로 보관하고 수료자 명단을 정리합니다.

V. 수료식과 후속관리
- 전체 교우들과 함께 수료식을 진행하는 것이 좋습니다. 교우들에게 기도학교에 대한 관심을 갖게 하고, 대표자의 간증과 수료자의 변화된 모습을 통해 건강한 도전을 받게 합니다.
- 수료증과 축하 꽃을 준비합니다.
- 〈하.기.도〉를 수료한 사람은 교회의 전체 기도네트워크(교회 내 기도모임 등)에 소속되어 교회의 기도 동역자로 세워지게 됩니다.
- 〈하.기.도〉를 수료한 사람은 〈하.기.도〉 양육자 과정, 인도자 과정에 입학할 수 있으며, 인도자 과정을 마치면 〈하.기.도〉를 인도할 수 있는 자격을 부여하고 중보기도 동역자로 사역합니다.

부록 3

기도노트

날짜   20 . . .   Mon Tue Wed Thu Fri Sat Sun   날씨

나의 기도 시간   Am   Pm   큐티

기도 제목

기도 일지 (주신 말씀, 감사, 생각, 느낌, 응답, 적용)

기도노트

날짜   20 . . .   Mon Tue Wed Thu Fri Sat Sun   **날씨**

나의 기도 시간   Am   Pm   **큐티**

기도 제목

_____
_____
_____
_____
_____
_____
_____
_____

기도 일지 (주신 말씀, 감사, 생각, 느낌, 응답, 적용)

_____
_____
_____
_____
_____
_____
_____
_____
_____
_____
_____

부록 4

기도일기

20   년   월   일

말씀과 묵상

오늘의 기도

나눔과 적용

기도일기

20   년   월   일

말씀과 묵상

오늘의 기도

나눔과 적용

부록 5

기도에 관한 유익한 책

E.M.바운즈, 응답기도, 규장, 2008.
J.C.라일, 기도를 잃어버린 당신에게, 복있는 사람, 2012.
강준민, 강청기도의 능력, 두란노, 2002.
김남준, 깊은 기도를 경험하라, 생명의말씀사, 1997.
김남준, 성화와 기도, 생명의말씀사, 2010.
김영봉, 사귐의 기도, IVP, 2002.
데이비드 베너, 기도 숨, 두란노, 2011.
래리 크랩, 파파기도, IVP, 2007.
레이 프리차드, 생각을 뛰어넘는 기도, 사랑플러스, 2006.
리차드 포스너 기도, 두란노, 2011.
린 페인, 듣는 기도, 죠이선교회출판부, 2000.
베티 오도, 말씀이 우리 가운데 계시니, 성서와 함께, 1997.
빌 하이벨스, 너무 바빠서 기도합니다, IVP.
스탠리 그렌츠, 기도 - 하나님 나라를 위한 부르짖음, SFC, 2007.
스토미 오마샨, 하루 10분(사랑하는 사람과 일상을 위한 기도), 생명의말씀사, 2011.
시어도어 답슨, 내면을 치유하는 기도, 두란노, 2002.
안드레아 가스파리노, 기도의 오솔길, 이냐시오 영성연구소, 2004.
앤드류 머레이, 무릎학교, 규장, 2012.
앤드류 머레이, 하늘문을 여는 기도, 프리셉트, 2008.
오스왈드 챔버스, 간구, 두란노, 1996.
유기성, 영성일기, 규장, 2012.

유진 피터슨, 응답하는 기도, IVP, 2003.

유해룡, 예수님과 사귀라, 두란노, 2012.

이동원, 중보기도파티, 두란노, 2006.

잔느 귀용, 기도의 비밀, 평단문화사, 2008.

잔느 귀용, 친밀한 기도, 두란노, 2011.

제임스 패커, 기도, IVP, 2008.

제임스 휴스턴, 기도- 하나님과의 우정, IVP.

존 파이퍼, 거듭남, 두란노, 2010.

짐 심발라, 응답받는 기도의 약속들, 요단, 2005.

프레드& 그레이스 홀랜드, 기도, TEE KOREA, 2008.

필립얀시, 기도, 청림출판, 2007.

헨리 나우웬, 기도의 삶, 복있는 사람, 2003.

부록 6

하.기.도. 개인 점검표

성명	성별 (남, 여)	생년월일
연락처		E-mail
소속		반명

인도자		전화번호
소그룹 조원		

실천과제

구분	예습(o,x)	매일기도(회/주)	기도 노트(회/주)	기도 일기(회/주)
1주차 (10분)				
2주차 (20분)				
3주차 (30분)				
4주차 (40분)				
5주차 (50분)				
6주차 (60분)				
7주차 (60분)